KB259770

한국 계율불교의 완성자 - 신라 자장 연구

● 지은이

남무희 _ 南武熙

경북 영주 출생.
국민대학교 국사학과 및 대학원 석 · 박사과정 졸업.
「원측의 생애와 유식사상 연구」로 박사학위 취득.
저서로는 『고구려 승랑 연구』 및 『주제별로 접근한 한국 고대의 역사와 문화』(공저)와
여러편의 원측 관련 논문 외에 「고구려 후기 불교 사상연구」,
「안원왕 양원왕대 정치변동과 고구려 불교계 동향」 등이 있다.
국민대 · 을지대 · 안동대에서 강의했으며, 고려대학교 아세아문제연구소에서
디지털 '삼국유사' 개발팀의 연구원으로 활동하였다.
현재 국민대와 시민대학 및 방송통신대 강사로 출강하고 있다.

한국 계율불교의 완성자

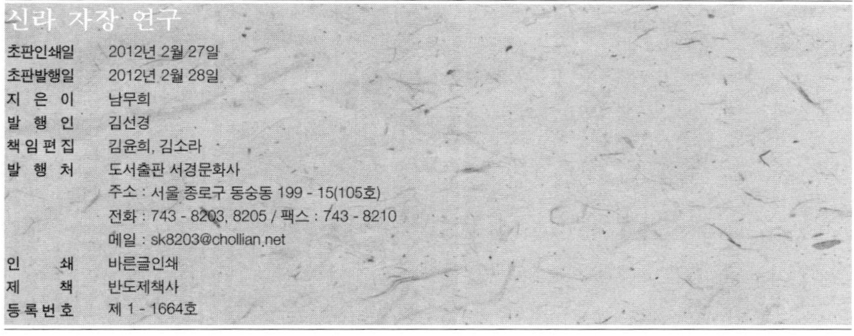

신라 자장 연구

초판인쇄일	2012년 2월 27일
초판발행일	2012년 2월 28일
지 은 이	남무희
발 행 인	김선경
책 임 편 집	김윤희, 김소라
발 행 처	도서출판 서경문화사
	주소 : 서울 종로구 동숭동 199 - 15(105호)
	전화 : 743 - 8203, 8205 / 팩스 : 743 - 8210
	메일 : sk8203@chollian.net
인 쇄	바른글인쇄
제 책	반도제책사
등 록 번 호	제 1 - 1664호

ISBN 978-89-6062-086-5   93900

ⓒ남무희, 2012

* 파본은 본사나 구입처에서 교환하여 드립니다.

정가   9,000원

한국 계율불교의 완성자

신라 자장 연구

남 무 희 지음

서 경 문 화 사

고려후기 무신집권기 및 원간섭기라는 어려운 시대를 살았던 일연(一然)은 젊은 시절 경주 황룡사를 찾았다. 『삼국유사』 탑상 제4 「가섭불 연좌석」에 의하면, "연좌석은 불전의 후면에 있는데, 일찍이 한번 뵈었다"라고 일연은 밝히고 있다. 그러면서 일연은, "지혜의 태양은 기억할 수 없이 아득한데 오직 연좌석만이 의연하게 남았구나"라는 찬시를 남겼다.

하지만 얼마 뒤에 몽고의 침략으로 불전과 불탑은 모두 타버리고, 황룡사구층목탑과 가섭불 연좌석도 사라진 참담한 현실을 일연은 비통한 심정으로 바라봐야만 했었다. 이에 일연은 무너진 고려의 자존심을 되살리려는 노력의 일환으로 『삼국유사』를 찬술하였다. 이때 일연은 다양한 자료들을 수집하고 정리하였다. 그런 속에서 자장과 관련된 기록들이 『삼국유사』에 수록될 수 있었다.

그런데 자장과 관련된 기록은 역사적 인물로서의 자장의 전기를 전하는 기록과 신화적 인물로서 새롭게 부활한 자장의 전기 자료들이 함께 전해지고 있었다. 일연은 이러한 두 가지 종류의 자료들을 최대한 합리적으로 정리하였다. 하지만 자장에 대한 정당한 평가를 하기 위해서는 역사적 인물로서의 자장과 신화적인 인물로 새롭게 부활한 자장의 전기 자료들을 구분하면서 분석해야만 한다.

이에 저자는 본고를 저술하면서 한국불교사에서 커다란 업적을 남겼음에도 불구하고, 그 동안 정당한 평가를 받지 못하고 있던 자장을 새롭게 검토하였다. 그 결과 자장의 계율 불교는 한국 불교의 발전에 커다란 기여를 하였다는 점을 부각시켜보려 하였다. 말하자면 자장은 통도사를 창건하면서 금강계단을 설치함으로써 한국의 계율 불교를 완성하였다. 이러한 자장의 업적은 원효와 의상의 화엄종이 아름드리 나두로 자랄 수 있도록 하였다. 뿐만 아니라 자장의 계율 불교는 신라 중대와 하대를 지나면서 진표의 계율 불교와 법상종 사상으로도 그 정신이 꾸준하게 계승되었다.

이러한 이해를 바탕으로 본고는 크게 네 개의 주제로 정리하였다. 우선 제1장에서는 자장의 생애를 복원하였다. 그런 다음 제2장에서는 고려 국내에 유통되고 있던 「자장전」을 복원하였다. 또한 제3장에서는 도선과 일연의 자장관(慈藏觀)에 어떤 차이가 있는지를 검토하였다. 이 부분은 한국고대사탐구학회에서 발표했던 원고인데, 조금 보완해서 이곳에 실었다. 마지막으로 제4장에서는 『속고승전』「자장전」과 『삼국유사』「자장정율」의 원전 내용을 비교 검토하였다. 이러한 내용은 이미 아래에 제시한 논문에서 발표되었던 부분이다.

「자장의 생애 복원」(『한국학논총』 32. 국민대학교, 2009).
「『속고승전』「자장전」과 『삼국유사』「자장정율」의 원전 내용 비교」(『문학사학철학』 19, 2009).
「『삼국유사』에 반영된 고려 국내 유통 「자장전」의 복원과 그 의미」(『한국학논총』 34; 석천 김두진교수 정년퇴임기념논총, 2010).

그러다보니 내용이 다소 중복되는 부분들이 자주 눈에 띄는 문제가 있다. 독자 여러분들의 양해를 바랄 뿐이다. 다음의 연구에서는 자장의 문수보살친견신앙이 어떻게 한국 오대산신앙으로 변화 발전되어 나갔는가라는 측면을 좀 더 구체적으로 밝혀볼 예정이다.

2009년부터 고려대학교 아세아문제연구소에서 디지털 '삼국유사' 개발팀의 연구원으로 활동하면서, 저자는 중국 서안의 종남산 및 산서성에 위치한 오대산 등지의 자장 유적지를 답사할 기회를 가질 수 있었다. 뿐만 아니라 『삼국유사』에 전하는 자장과 관련된 국내 유적지도 거의 다 답사할 수 있었다. 저자에게 이처럼 소중한 기회를 갖도록 해준 최광식·박대재 교수님과 개발팀의 일원으로 함께 했던 많은 분들의 고마움도 잊을 수 없다.

생각해보면 지금까지 자식 노릇을 제대로 하지 못하였음에도, 항상 기다려 주시는 부모님의 사랑은 저자가 계속 학문의 세계를 걸을 수 있도록 하는 버팀목이다. 부모님의 만수무강을 기원하면서, 이 책의 출간이 조금이라도 당신들에게 위안이 되었으면 하는 마음 간절하다.

또한 여러모로 부족하지만 이 책을 출간하도록 힘을 실어준 인생의 친구인 아내에게 감사드린다. 만약 아내가 없었다면 부족한 글을 감히 책으로 펴낼 생각은 하지 못했을 것이다. 얼마 전에 돌아가신 장인 어른의 영전에 이 책을 바친다. 아울러 앞으로 태어날 우리 딸 미래를 위해 이 책을 펴낸다.

여러모로 부족한 이 글의 출판을 기꺼이 허락해준 서경문화사의 김선경 사장님께 감사드린다. 또한 아담한 한 권의 책이 될 수 있도록 편집해준 김윤희·김소라 선생님에게도 감사의 말씀을 전한다.

2012. 2

마들서재에서 저자 남 무 희

차 례

서론

우리나라 방방곡곡에는 역사와 전통을 자랑하는 수많은 사찰들이 즐비하고 있다. 그런데 어느때부터인가 통도사와 해인사 및 송광사는 삼보사찰三寶寺刹이라고 불려지고 있다. 그 속에서도 특히 통도사는 부처님의 진신사리를 모시고 있는 불보사찰佛寶寺刹로 불려진다. 또한 해인사는 법보사찰法寶寺刹로, 송광사는 승보사찰僧寶寺刹이라고 칭송되어 왔다.

이러한 한국의 삼보사찰 가운데 불보사찰에 해당하는 통도사는 신라 선덕여왕대에 자장이 창건하였다. 자장은 통도사를 창건하였을 뿐만 아니라 한국의 계율불교를 완성하였다. 이후 자장의 계율불교는 한국 불교의 발전에 크나큰 기여를 했다고 생각된다. 하지만 자장에 대한 연구는 그렇게 많지 않다.

아직까지 자장의 정확한 생몰년도 밝혀지지 않았으며, 그의 삶과 업적이 정당한 평가를 받지 못하는 경우도 많았다. 그렇게 된 이유는 어디에 있었을까.

고려후기에 일연이 펴낸 『삼국유사』에서 가장 많이 등장하는 인물은 자장이다. 하지만 자장에 대한 서술은 다분히 설화적인 요소를 많이 내포하고 있다. 이러한 부분에서 역사적인 사실과 설화적인 측면을 세밀하게 구분해야만 자장의 진면목을 만날 수 있다고 생각된다.

이에 본고에서는 역사적인 인물로서의 자장을 보다 구체적으로 복원해보고자 하였다. 우선 제 1장에서는 지금까지 밝혀내지 못하고 있던 자장의 생애를 복원하였다. 그런 속에서 설화가 아닌 역사적인 실존인물로서의 자장의 생애와 활동을 보다 자세하게 제시할 수 있을 것이다.

다음으로 제 2장에서는 『삼국유사』에 전하고 있는 고려 국내 유통 「자장전慈藏傳」의 실체를 복원하였다. 이를 통해 역사적 인물인 자장의 생애와 활동이 어떻게 설화적인 인물로 변화되어 나갔는지를 밝혀보려고 하였다.

이러한 이해를 바탕으로 제 3장에서는 역사적인 인물로서의 자장이 무슨 이유로 고려시대에 설화적인 인물로 점차 부각되었는가라는 측면을 밝혀보려고 하였다. 이를 위해 최초로 자장의 전기를 남긴 중국 승려인 도선道宣(596~667)과 『삼국유사』를 통해 새로운 자장의 자료를 소개한 일연一然(1206~1289)의 자장관慈藏觀에 어떤 차이점이 있는지를 밝혀보았다. 이러한 이해를 바탕으로 역사적 인물로서의 자장과 설화적으로 새롭게 부활한 자장의 모습이 갖는 서로 다른 측면을 발견할 수 있을 것이라고 생각된다.

마지막으로 제 4장에서는 도선道宣의 『속고승전』과 도세道世의 『법원주림』에 보이는 자장 관련 기록과 일연의 『삼국유사』「자장정율慈藏定律」의 기록을 서로 세밀하게 대조하면서 관련자료를 비교 검토하였다. 이를 통해 지금까지 알려지지 않았던 자장의 진면목을 보다 구체적으로 밝혀 보려고 하였다.

하지만 본고는 역사적 인물로서의 자장의 활동이 어떻게 설화적 인물로서의 자장으로 새롭게 부활하였는가라는 측면은 제시하지

신라 자장 연구

못하였다. 앞으로는 설화적인 인물로 부활한 자장의 기록을 분석하면서, 신라 중대를 지나면서부터 자장의 사상과 신앙이 어떻게 범자장계 불교신앙권으로 형성되어 나갔는가라는 측면을 보다 구체적으로 제시해 보고자 한다.

또한 일연의 『삼국유사』에서 강조되는 자장의 대표적인 활동은 문수보살친견신앙이라고 할 수 있다. 이러한 측면은 자장의 생애 전반에서 가장 중시되어야 할 활동이었다고 생각된다. 이러한 측면은 오대산 신앙이 형성되는 과정에서도 중요한 요소로 작용하였다고 보여진다. 다음의 연구에서는 자장의 문수보살친견신앙과 한국 오대산 신앙이 어떤 연관을 갖는가라는 측면도 보다 구체적으로 밝혀볼 생각이다.

이러한 이해를 바탕으로 한국의 계율불교를 완성한 자장의 구도적인 삶과 업적이 신라 중대 원효와 의상의 화엄사상에 어떠한 영향을 미쳤는가라는 측면도 아울러 밝혀볼 예정이다.

하지만 저자의 본래 집필 의도가 본고에서 충분하게 설명되지 못한 부분도 많았을 것이며, 의욕만 넘친 나머지 논리 전개에 비약이 심한 부분도 많았을 것이라고 생각된다. 강호제현의 아낌없는 질정을 바랄 뿐이다.

I

자장의 생애 복원

일연一然(1206[고려 희종 2년~1289[충렬왕 15년])이 편찬한 것으로 전해지는 『삼국유사三國遺事』에 의하면,[1] 신라 중고기中古期는 제23대 법흥왕이 즉위하는 514년부터 제28대 진덕여왕이 재위했던 654년까지 약 140년 동안의 시기를 말한다. 이러한 신라 중고시대 불교계의 동향을 살피려고 할 때 주목되는 승려로는 원광圓光과 자장慈藏을 들 수 있다.[2]

이에 본고에서는 우선 자장을 중심으로 해서 신라 중고시대의 사회상을 밝혀보려고 한다. 지금까지 전하는 자장의 전기 자료로는 도선道宣(596~667)의 『속고승전續高僧傳』에 실려 있는 「당신라국

---

1) 남무희, 「『삼국유사』, 누가 왜 썼고 언제 간행되었나?」『내일을 여는 역사』 28, 2007.
2) 고려 중기 각훈(覺訓; ?~?)이 고종 2년(1215)에 왕명으로 편찬한 『해동고승전(海東高僧傳)』에서도, "이로부터 원광과 자장의 무리들이 중국으로 들어가 부처님의 법을 전해왔다. 위와 아래가 부처님의 가르침을 믿고 안팎으로 봉행하였다. 먼저 부르고 뒤에서 호응하니 날로 더하고 달로 증가하였다; 自爾圓光慈藏之徒 西入傳法 上下信敎 內外奉行 先呼而後應 日益而月增"이라고 하면서 원광과 자장의 역할을 높게 평가하였다.

대승통석자장전唐新羅國大僧統釋慈藏傳」과 「당경사보광사석법상전唐京師普光寺釋法常傳」 및 도세道世(?~668)의 『법원주림法苑珠林』 권제64에 수록된 「당사문석자장전唐沙門釋慈藏傳」이 있다. 이 외에 국내 자료로는 「신라황룡사구층목탑찰주본기新羅皇龍寺九層木塔刹柱本記」와 『삼국유사』 「자장정율慈藏定律」의 기록이 있다. 그런데 『삼국유사』 「자장정율」조의 기사는 『속고승전』의 기록을 두루뭉실하게 요약함으로써 자장의 활동 상황을 미시적으로 분석하지 못하도록 하고 있다.

이에 본고에서는 『속고승전』과 『법원주림』의 기록 및 「신라황룡사구층목탑찰주본기」를 1차 자료로 이용하면서, 『삼국사기』와 『삼국유사』 「자장정율」의 기록은 2차 자료로 취급하도록 하겠다. 그 외에 민지閔漬(1248~1326)의 기록 및 기타 자료는 생애 복원에 필요한 부분만을 취하도록 하겠다.[3] 이러한 방법론을 통해 가능한 한 1차 자료를 중심으로 자장의 생애를 복원하고자 한다. 하지만 1차 자료에서 언급되지 않은 부분에서 생애 복원에 필요한 부분들은 2차 자료를 적극적으로 이용하고자 한다. 그러나 1차 자료와 후대

---

3) 민지의 역사관을 살핀 연구로는 아래의 논문들이 참고된다.
  민현구, 「민지(閔漬)와 이제현(李齊賢)」 『이병도박사구순기념한국사학논총』, 1987.
  민현구, 「한국의 역사가; 민지」 『한국사시민강좌』 19, 1996.
  신종원, 「신라오대산사적과 성덕왕의 즉위배경」 『최영희선생 화갑기념 한국사학논총』, 탐구당, 1987.
  허흥식, 「민지의 시문(詩文)과 사학」 『교육연구지』 30, 경북대, 1988.
  변동명, 「정가신(鄭可臣)과 민지의 사서편찬활동과 그 경향」 『역사학보』 130, 1991.
  이창국, 「원(元) 간섭기 민지의 현실인식」 『민족문화논총』 24, 2001.
  이익주, 「14세기 유학자의 현실인식과 성리학 수용과정의 연구-민지의 사례를 중심으로-」 『역사와현실』 49, 2003.
  염중섭, 「『오대산사적기(五臺山事跡記)』 「제일조사전기(第一祖師傳記)」의 수정인식 고찰-민지의 오대산불교 인식」 『국학연구』 18, 2011.

신라 자장 연구

자료가 서로 어긋날 경우에는 1차 자료를 취하고, 후대자료가 갖는 의미는 새로운 시각으로 밝혀볼 필요가 있다고 생각된다.

　사실 그 동안 자장의 생애가 검토되지 않았던 것은 아니다. 그러나 그의 생몰년生沒年이라든가, 그가 활동했던 시기를 구체적으로 밝히려는 전면적인 연구는 거의 이루어지지 않았다고 생각된다.[4] 이에 본고에서는 미시적인 분석 작업을 통해, 자장의 생애에 대한 부분들을 가능한 한 정확하게 드러내 보고자 한다. 『삼국유사』에서는 자장이 오대산신앙과 깊은 연관을 갖고 있는 것으로 서술한 부분들이 여러 곳에서 발견되고 있다. 자장의 생애를 구체적으로 밝

---

4) 자장의 생애를 검토한 지금까지의 연구 성과는 대체로 다음과 같다.
　강전준웅江田俊雄, 「신라新羅의 자장慈藏と 오대산五臺山」 『문화文化』 21~25, 1957; 『조선불교사朝鮮佛敎史の 연구硏究』, 국서간행회國書刊行會, 1977.
　안계현, 「삼국유사와 불교종파」 『삼국유사의 신연구』, 신라문화선양회, 1980; 「자장의 불교사상」 『한국불교사상연구』, 1983.
　신종원, 「자장의 불교사상에 대한 재검토」 『한국사연구』 39, 1982.
　김두진, 「자장의 문수신앙과 계율」 『한국학논총』 12, 국민대학교 한국학연구소, 1989.
　남동신, 「자장의 불교사상과 불교치국책」 『한국사연구』 76, 1992.
　혜남(노재성), 「자장율사의 생애-『당전(唐傳)』과 『삼국유사』 「자장정율」을 비교하며-」 『중앙승가대학교 교수논문집』 10, 2003.
　김복순, 「선덕여왕과 자장법사」 『신사조로서의 신라 불교와 왕권』, 경인문화사, 2008.
　김경집, 「자장과 금강계단」 『동아시아불교문화』 2, 2008.
　염중섭, 「『삼국유사』 오대산 관련 기록의 내용분석과 의미 1-자장의 문수신앙을 중심으로-」 『사학연구』 101, 2011.
　염중섭, 「『오대산사적기(五臺山事跡記)』 「제일조사전기(第一祖師傳記)」의 수정인식 고찰-민지의 오대산불교 인식」 『국학연구』 18, 2011.
　여성구, 「자장의 행적과 명주지역 사찰」 『고대도시 명주와 굴산사』, 강릉 굴산사지 국제학술대회(국립중원문화재연구소·강릉시), 2011.
　박미선, 「『삼국유사』 「의해」편, ‘자장정율’ 조」 『『삼국유사』 「의해」편에 실린 “신라 고승들의 일화와 행적”』, 제39회 신라문화제 제 33회 학술회의발표문, 2011.
　본고는 위에 제시된 논문들을 주로 검토하면서 작성하였다. 특히 남동신과 김복순 및 혜남(노재성)의 논문에서 문제점으로 제시했던 부분들을 어떻게 합리적으로 해결할 것인가를 고민하면서, 본고가 작성될 수 있었음을 미리 밝혀둔다.

히는 작업은 『삼국유사』 곳곳에서 서술되고 있는 자장과 관련된 기록을 어떻게 이해할 것인가를 밝히는 문제와도 깊은 관련이 있다.

1. 자장의 출가와 수행

1) 자장의 생몰년 규명과 출가 동기

지금까지 자장을 연구한 대부분의 연구에서 구체적으로 밝혀내지 못한 문제는 자장의 정확한 생몰년이었다. 그렇다면 자장은 언제 태어나서 언제 입적하였는지를 우선 밝혀볼 필요가 있다. 이와 관련해서는 아래의 자료가 참고된다.[5]

(1) 자장은 3년 동안(필자주; 640~642, 자장의 나이 65~67세 무렵) 늘 이 산(필자주; 종남산)에 있다가 곧 동쪽 나라(필자주; 신라를 말함)를 섬기려고 그곳을 떠나 운제사로 내려왔다(642).[6] 그때 큰 귀신이 나타났는데 그 숫자가 헤아릴 수없이 많았다. 귀신들은 갑옷을 입고 무기를 들고 있었는데 자장에게 말하기를, "이 금가마를 가지고 자장스님을 모시러 마중나왔습니다"라고 하였다. 이때 또 다른 큰 신장이 나타나 그 귀신과 맞서 싸우면서 그들의 요청을 거부하였다. 이에 자장은 골짜기를 자욱하게 매운 고약한 냄새를 맡고 곧 선상에 자리잡고 결별을 통고하였는데, 그의 제자 한 명도 마찬가지로 귀신에게 맞아 다리가 부러져 죽었다가 되살아났다. 이에 자장은 곧 모든 옷과 재물을 희사하여 승단

---

5) 도선의 『속고승전』에 있는 내용을 번역할 때에는 동국역경원(東國譯經院)에서 편찬한 『한글대장경 속고승전(續高僧傳)』(이창섭 옮김, ①과 ②, 1997 및 ③, 1998)을 참고하였다.

신라 자장 연구

대덕들에게 보시를 하였더니, 다시 두루 몸과 마음에 향기가 가득하게 풍겨 나왔다. 이때 신장神將이 자장에게 말하기를, "지금 죽지 않았으니 80여세까지 살게 될 것입니다"라고 하였다.[7] 이윽고 서울로 돌아오니 황제가 그 노고를 위로하면서 비단 2백필을 하사하면서 의복을 만드는데 충당하라고 하였다.[8]

(2) (자장은) 미질微疾(필자주; 잔병)에 걸려 영휘년간永徽年間(650~655)에 돌아가셨다.[9]

자장이 언제 태어나서 어느 시기에 입적하였는지를 모두 언급한

---

6) 『속고승전』을 중심으로 당나라 유학시 자장의 행적을 살피면 네 시기로 구분된다. 첫째 시기에는 장안 도착 직후로서 장안 흥화방(興化坊)의 공관사(空觀寺)에서 법상(法常; 567~645)으로부터 보살계(菩薩戒)를 받았다. 둘째 시기는 638년부터 640년 전반기까지로 당태종의 특별한 후원을 받아가며 광덕방(光德坊)의 승광별원(勝光別院)에 머물렀다. 셋째 시기는 640년 전반기부터 642년 후반기로 종남산(終南山) 운제사(雲際寺)의 동쪽에 암자를 짓고 머물렀던 기간으로, 이때 그는 운제사에 있던 도선과 교류하였다. 넷째 시기는 642년 후반기 이후부터 귀국하기 직전까지이다(남동신, 앞의 논문, 1992, pp.10~11).
  한편 김상현은 또 다른 관점에서 자장의 생애를 4시기로 구분하였다. 우선 자장이 국내에서 수행하던 선덕여왕 6년(637)까지를 제1시기, 당나라에서 활동한 선덕여왕 7년(638)으로부터 11년(642)까지를 제2시기, 귀국하여 대국통(大國統)으로 활약한 선덕여왕 12년 이후를 제3시기, 경주를 떠나 오대산 등지에서 활동한 만년을 제4시기로 구분하였다(「자장의 정치외교적 역할」 『불교문화연구』 4, 양산 영축불교문화연구원, 1995, p.33).
7) 도세(道世; ?~668)의 『법원주림法苑珠林』 권64 「당사문석자장전唐沙門釋慈藏傳」(대정장 53, 779 하)에서도, "又樂靜夏坐 奏敕雲際寺 安居三夏 見大鬼神 其數無量 帶甲持仗云 將此金輿 迎取慈藏 復見大神 與之共鬪拒不許迎 藏聞臭氣 塞谷蓬勃 卽就繩床 通告訣別 其一弟子 又被鬼打 幾死乃蘇 藏卽捨衣鉢 行僧得施 又聞香氣 遍滿身心 神語藏曰 今者不死 八十餘矣"라고 하는 비슷한 내용이 언급되고 있다. 그런데 『삼국유사』 「자장정율」에서는, "자장은 그러한 번거로움을 싫어하여 (황제에게) 「표(表)」를 올린 후에 종남산 운제사의 동쪽 낭떠러지로 들어갔다. (이곳의) 바위에 나무를 걸쳐 방을 만들고, 3년을 거처하였다. (이 당시에) 사람과 신들이 계를 받거나 영험에 감응함이 날로 많았지만 말이 번거러워 싣지 않는다; 藏嫌其繁 擁啓表入終南雲際寺之東崿 架嵒爲室 居三年 人神受戒 靈應日錯 辭煩不載"라고 하면서 이러한 부분을 언급하지 않았다.

자료는 현재 전하지 않는다.[10] 그런데 (1)에서는 자장이 80여년을 살 것이라고 언급하였으며, (2)에서는 자장이 입적한 연대를 구체적으로 알려주고 있다. 또한 앞에서 살펴본 지금까지의 연구에 의하면, 자장은 신라중대 초기까지는 대체로 생존하였을 것으로 보았다. 이에 본고에서는 (1)의 80세설과 (2)의 영휘년간 입적설을 모두 긍정하면서 논지를 전개해나가고자 한다.

우선 (2)에서 말하고 있는 영휘년간永徽年間(650~655)은 신라 진덕여왕 말년과 태종무열왕의 초기(1년과 2년)에 걸쳐 있다. 이로 볼 때 자장이 입적한 시기는 태종 무열왕 2년(655)이라고 할 수 있다. 이러한 (2)의 기록과 (1)에서 신장神將이 80여년을 살 것이라고 예언한 기록을 중심으로 해서 자장이 태어난 출생 연대를 거꾸로 계산해보면, 그는 진흥왕 37년(576)에 신라 경주에서 태어난 후 신라 중대가 본격적으로 시작되는 태종 무열왕 2년(655)에 80세의 나이로 입적하였다고 볼 수 있다.[11] 이러한 이해를 기본 바탕으로

---

8) 도선(道宣), 『속고승전』 권24 「당신라국대승통석자장전(唐新羅國大僧統釋慈藏傳)」에서는, "往還三夏常在此山 將事東蕃 辭下雲際 見大鬼神其衆無數 帶甲持仗云 將此金輿 迎取慈藏 復見大神與之共鬪拒不許迎 藏聞臭氣塞谷蓬勃 卽就繩床通告訣別 其一弟子 又被鬼打躄死乃蘇 藏卽捨諸衣財 行僧德施 又聞香氣遍滿身心 神語藏曰 今者不死 八十餘矣 旣而入京 蒙敕慰問 賜絹二百匹 用充衣服"이라고 하였다. 이러한 도선의 「자장전」은 자장의 생존시에 쓰여졌다는 점, 도선과 자장이 교류하였다는 점 등을 고려해 볼 때, 자장연구에 있어서 가장 중요한 자료로 평가되고 있다(남동신, 앞의 논문, 1992, p.4). 하지만 김상현은 도선의 『속고승전』 「자장전」이 자장이 생존해 있을 때 작성되었다고 볼 근거는 없다고 보기도 한다(「삼국유사 자장 기록의 검토」 『천태종 전운덕 총무원장 화갑기념 불교학논총』, 1999. p.1750).

9) 도세(道世)의 『법원주림』 권64 「당사문석자장전(唐沙門釋慈藏傳)」(대정장 53, 779하)에서는, "因遘微疾 卒於永徽年中"이라고 하였다. 도세는 남산율종(南山律宗)을 개창한 도선과는 동문수학한 사이로서 도선보다는 몇 살 연하로 추정된다. 이 기록은 도선의 「자장전」을 줄여서 옮겨 놓은 것이기는 하지만, 자장의 몰년과 사인(死因)에 대한 정보를 담고 있다는 점에서 중요하다(남동신, 앞의 논문, 1992, p.5).

신라 자장 연구

하면서 자장의 출생과 관련된 기록을 살펴볼 필요가 있다. 우선 아래의 사료가 참고된다.

(3) 자장의 성은 김씨이며 신라국 사람이다. (중략) 부친의 이름은 무림武林으로, 벼슬이 소판蘇判에 이르렀다. 그가 높은 벼슬을 받게 되자 나라의 계획과 의논이 모두 그에게 귀속되었다. 그러나 뒤를 이을 자손이 없었으므로 늘 깊은 근심에 잠겨 있었다. 평소 불교의 진리를 우러러 보면서 부처님의 가호를 구하여 널리 스님들을 초청하고 크게 재물을 희사하면서 마음으로 불법에 기원을 하였다. 아울러 천부관음千部觀

10) 자장의 생몰년을 추정한 지금까지의 연구성과를 정리해보면 아래와 같이 요약될 수 있다(혜남 노재성, 위의 논문, 2003, pp.15~19).

연구자	생몰연대 추정	주장한 곳
김위석	590년경~658년경.	『한국민족문화대백과사전』, 한국정신문화연구원편 권 19 「자장조」, 1990.
정병삼	590년경~654년경.	『의상화엄사상연구』, 서울대박사학위논문, 1991, p.68.
안계현	자장과 명랑의 숙질관계를 고려, 당으로부터 귀국할 당시 50세가 넘었을 것으로 추정.	「호국이념의 율사」『한국의 인물상』, 1965. 「자장의 불교사상」『한국불교사상사연구』, 1982.
안계현	남산율종의 창시자인 도선(道宣 : 596~667)보다 출생년이 앞서는 것으로 파악.	「삼국유사와 불교종파」『삼국유사의 신연구』, 1980, p.100. 「자장의 불교사상」『한국불교사상연구』, 1983, p.103.
김두진	상당히 늦은 나이에 입당한 것으로 추측.	「자장의 문수신앙과 계율」『한국학논총』 12, 1989, p.7.
임봉준	50대가 지나서 당나라로 건너간 것으로 추측. 590년경 출생으로 파악.	「신라자장법사연구」, 동국대 불교학과 석사논문, 1979.
이종익	607년부터 609년 출생으로 간주.	「자장율사전」『종교계』, 서울 종교계사, 1966~68.
김대은	607년 출생을 주장.	「자장율사의 호국정신」『범성(梵聲)』, 1975.
강전준웅 (江田俊雄)	607~676(?)년으로 설정.	「新羅の慈藏と五臺山」『朝鮮佛敎史の硏究』, 國書刊行會, 1977, pp.171~186.
조명기	608~677(?)년으로 제시.	「신타불교의 교학」『숭산박길진박사화갑기념 한국불교사상사』, 1975, p.150.
남동신	610년(진평왕 32)을 전후하여 출생, 650년대 전반에 입적하였을 것으로 추정.	「자장의 불교사상과 불교치국책」『한국사연구』76, 1992.
노재성	590년~655년 혹은 590년~670년 정도로 추정.	위의 논문, p.19.

11) 혜남 노재성도 자장이 576년에 태어나 655년에 입적하였을 가능성을 제기하기는 하였다(위의 논문, p.18). 하지만 638년 자장이 63세라는 나이로 중국으로 유학하였을 것으로 보지 않으면서, 자장의 생몰년을 좀더 구체적으로 규명하지는 못하였다.

音을 조성하고 자식 한 명을 낳기만을 희구하였다. 그리고 훗날 그 아이가 성장하면 불도의 마음으로 모든 중생들을 제도하겠다고 발원하였다. 그후 눈에 보이지 않는 상서가 뚜렷하게 감응하여 별이 떨어져 품속에 들어오는 꿈을 꾸고는 임신하게 되었는데, 4월 8일에 태어났다. 이는 좋은 날이라고 도속들이 경하하면서 보기 드문 상서로운 일이라고 하였다.[12)]

위의 기록에 의하면, 자장은 소판 김무림金武林의 아들로서 진골 귀족 출심임을 알 수 있다. 그런데 자장의 출생설화에 의하면, 자장은 천부관음의 도움으로 태어난 것으로 되어 있다. 이러한 관음신앙은 『법화경』「보문품普門品」에 의거한 것으로 보는 견해가 일찍부터 제기되었다.[13)] 또한 이러한 천부관음은 1천 개의 관음상으로도 해석되었다.[14)] 또 다른 연구자는 위의 기사에 보이는 천부관음을 천수관음千手觀音으로 이해하기도 하였다.[15)] 그런데 『천수경千手經』과 관련된 경전의 역출은 좀더 뒷 시기의 사실이므로, 위에서 말한

---

12) 도선, 『속고승전』 권24 「당신라국대승통석자장전」에서는, "釋慈藏 姓金氏 新羅國人 (중략) 藏父名武林 官至蘇判異(以本王族比唐一品) 旣嚮高位 籌議攸歸 而絶無後嗣 幽憂每積 素仰佛理乃求加護 廣請大捨祈心佛法 幷造千部觀音 希生一息 後若成長 願發道心度諸生類 冥祥顯應 夢星墜入懷 因卽有娠 以四月八日誕 載良晨 道俗銜慶希有瑞也"라고 하였다. 그런데 찬녕(贊寧)이 편찬한 『송고승전(宋高僧傳)』 권제14에 실려 있는 「당경조서명사도선전(唐京兆西明寺道宣傳)」에 의하면, 도선도 4월 8일에 태어난 것으로 되어 있다. 이외에도 두 기록을 비교해보면, 도선과 자장의 행적에는 비슷한 점이 많았음을 알 수 있다.
13) 김영태(金煐泰), 『삼국유사소전(三國遺事所傳)의 신라불교사상연구』, 1979, p.108. 그런데 『삼국유사』 권3, 「사불산(四佛山) 굴불산(掘佛山) 만불산(萬佛山)」조에는 문경(聞慶) 지역에 창건된 대승사(大乘寺)와 관련된 설화를 소개하면서 『법화경』과 관련된 신앙도 있었음을 전하고 있다. 그런데 대승사가 창건된 시기는 진평왕 9년(587) 또는 624년으로, 자장이 출생했을 시기와 그렇게 멀리 떨어져 있지 않다. 그렇다면 자장의 부친인 무림공이 천부관음을 조성한 것은 『법화경』과 관련된 신앙이었을 가능성도 있다.

신라 자장 연구

천부관음은 천 개의 관음상일 것으로 보았다.[16] 여기에서 천부관음의 성격을 어떻게 이해할 것인가의 문제는 자장의 출생시기와 관련해서 대단히 중요한 문제라고 할 수 있다.[17]

지금까지 살펴본 것처럼, 자장은 부친인 김무림이 조성한 천부관음의 원력으로 태어났다. 이러한 자장의 성장과정과 그의 출가동기를 알려주는 기록은 다음과 같이 이야기되고 있다. 아래의 자료가 참고된다.

> (4)-① 소학小學의 나이를 넘어서자, 정신의 슬기로움과 향기가 투명하고 높아 보통 사람의 수준을 아득하게 넘어섰다. 그는 세상의 변천과 역사 서적도 거의 모두 읽었으나 그의 정의情意는 막막하기만 하고 마음이 그에 물들어 달려가지 않았다. ② 때마침 양친이 모두 세상을 떠나자 더욱 세상의 화려함이 싫어지고 덧없음을 깊이 체험하고 끝내 공적空寂으로 돌아간다는 것을 체득하였다. 그리하여 곧 처자와 저택·전원 등을 버리거나, 필요한 사람에게 모두 나누어 주었다. 이처럼 비전悲田과 경전經田의 보시업을 행한 뒤에 홀로 임학林壑에 의탁하여 거칠고 추한 옷과 짚신으로 남은 목숨을 마치고자 하였다.[18]

---

14) 정병삼(鄭炳三)은 자장의 부모가 천부관음상을 조성하였다는 사실을 통해 관음의 우선적 신앙력인 현세이익 중에서 구자신앙(求子信仰)이 받들어지던 당시 신라의 분위기를 알 수 있다고 하였다. 적어도 6세기 말의 시기에 신라사회에서는 상층부에 한정되었을지라도 『법화경』 「보문품」에 따른 관음신앙이 충분히 소개되어 있었고, 또 실제적 이익을 기원하여 신봉되었음을 알 수 있다고 하였다(「의상 화엄사상 연구」, 서울대 국사학과 박사학위논문, 1991, p.150; 『의상 화엄사상 연구』, 서울대학교 출판부, 1998, p.192).

15) 장지훈(張志勳), 「신라 불교의 밀교적(密敎的) 성격」 『선사(先史)와 고대』 16, 2001, p.218.

16) 정병삼, 「통일신라 관음신앙」 『한국사론』 8, 1982, pp.29~30.

17) 옥나영은 자장의 불교에 『관정경』과 관련된 밀교적인 요소가 보인다는 점을 지적하기도 한다(「『관정경』과 7세기 신라 밀교」 『역사와 현실』 63, 2007, pp.252~259).

18) 도선의 『속고승전』 24, 「자장전」에서는, "年過小學 神叡澄蘭獨拔恒心 而於世數史籍 略皆周覽 情意漠漠無心染趣 會二親俱喪 轉厭世華 深體無常終歸空寂 乃捐捨妻子第 宅田園 隨須便給行悲敬業 子爾隻身投於林壑 麤服草屩用卒餘報"라고 하였다.

(5)-① 그는 정신과 지조가 맑고 슬기로웠고 문장과 생각이 날로 풍부하였
　　　으며 세간의 취미에 물들지 않았다. ② 마침내 두 부모를 여의고 속세
　　　의 시끄러움을 더욱 싫어해서 처자를 버리고, 전원을 희사하여 원녕사
　　　元寧寺를 창건하였다.[19]

(6) 옛날에 선종랑이 있었는데 진골귀인이었다. 어려서 살생을 좋아하여
　　　매를 놓아 꿩을 잡았는데, 그 꿩이 눈물을 흘리면서 울고 있었다. 이러
　　　한 모습에 마음이 감동되어 출가하여 부처님의 도를 닦고자 하였다.[20]

　　자장의 출가 동기를 서술한 위의 기록 (4)와 (5)는, 자장이 어릴
때 총명하여 문적文籍을 두루 섭렵하였지만 본래 세속에 물들지 않
는 성격임을 부각시키고 있다. 이로 볼 때, 자장은 출가 이전에 이
미 유학을 공부하였음을 알 수 있다.

　　그런데 (4)-②와 (5)-②의 기록을 두고, 기존연구에서는 『속고
승전』 및 『삼국유사』의 출가 기사가 잘못 서술되었거나, 아니면 극
적인 효과를 노려 과장한 것이라고 보았다.[21] 하지만 『속고승전』과
「황룡사구층목탑찰주본기」 및 『삼국유사』「자장정율」조의 기록들
에는 모두 자장이 어린 나이에 양친을 여윈 후에 출가하였다고 되
어 있다.[22] 그렇다면 자장의 부친인 김무림은 진평왕대 초기까지
활동하였다고 볼 수 있다.

　　또한 (4)와 (6)에 의하면, 자장은 어린 나이에 출가하였음을 알
수 있다. 그런데 (4)-①에 의하면, 자장은 소학小學의 나이를 지나

---

19) 『삼국유사』 권제4 의해5 「자장정율」에서는, "神志澄睿 文思日贍 而無染世趣 早喪二
　　親 轉厭塵譁 捐妻息 捨田園爲元寧寺"라고 하였다.
20) 경문왕(景文王) 11년(871) 황룡사를 중창(重創)할 때에 기록한 「신라황룡사구층목탑
　　찰주본기」에서는, "昔有善宗郎 眞骨貴人也 少好殺生 放鷹摯雉 雉出淚而泣 感此發心
　　請出家入道"라고 하였다.
21) 신종원, 앞의 논문, 1982, p.5.

면서 출가하였다고 되어 있다.[23] 이때 소학의 나이는 대체로 8세를 전후한 시기라고 할 수 있다. 그렇다면 자장이 출가한 시기는 그가 8세가 되던 진평왕眞平王 5년(583)이라고 할 수 있을 것이다.[24]

이렇게 볼 때, (6)에서 언급한 자장의 출가 동기가 갖는 당시 시대적인 의미도 어느 정도는 밝혀진다고 할 수 있다. 또한 자장의 부친인 김무림이 세상을 떠난 시기도 이때로 보여진다. 한편 '처자를 버리고'라고 말한 부분은 싯다르타 태자가 부인인 야소다라 태자비와 아들인 라훌라를 남겨두고 출가한 사실을 염두에 둔 표현으로

---

22) 민지(閔漬)의 「오대산월정사사적(五臺山月精寺事蹟) 봉안사리개건사엄제일조사전(奉安舍利開建寺庵第一祖師傳)」에서도, '어린 나이에 양친을 잃었다; 약상쌍친(弱喪雙親)"이라고 되어 있다. 이 자료는 『불고진흥회월보(佛敎振興會月報)』(1916, p.44)에 실려 있는 원문을 참고하였다.

　하지만 『삼국유사』 권제1 기이(紀異) 제 2의 「진덕왕(眞德王)」조에 의하면, 김무림은 우지암회의에 참여하여 국정을 논의하고 있음이 보인다. 이기백은, 진덕왕 1년에 상대등(上大等)이 된 알천공(閼川公)을 중심으로 대등(大等)의 후신(後身)인 대신(大臣)들이 본 회의에 참석하고 있는 것으로 풀이하였다(「대등고(大等考)」, 「상대등고(上大等考)」『신라정치사회사연구』, 일조각, 1974). 이에 대해 박남수는 의문을 제기하면서, 우지암회의가 선덕왕 즉위초에 있었다고 보았다(「통일 주도세력의 형성과 정치개혁」『통일기의 신라사회 연구』, 동국대 신라문화연구소, 1987 및 「신라 화백회의의 기능과 성격」『수촌박영석교수화갑기념 한국사학논총』 상, 1992). 그러면서 박남수는 신라화백회의에 대한 지금까지의 연구현황을 정리하였다(「신라 화백회의 연구현황과 중층적 회의구조」『신라문화』, 3C, 2007). 『삼국유사』「진덕왕」조 기사를 어떻게 이해할 것인지의 문제는 다음의 연구에서 좀더 자세하게 살펴보고자 한다.

23) 『상서대전(尙書大傳)』에서는 13세에 소학에 들어가고 20세에 대학에 들어간다고 하였다. 『신서(新書)』에서는 9세에 소학에 들어가고 15세에 대학에 들어간다고 하였다. 『대대례(大戴禮)』와 『백호통(白虎通)』 등에서는 8세에 소학에 들어가고 15세에 대학에 들어간다고 되어 있다(제교철차諸橋轍次, 『대한화사전大漢和辭典』4, 대수관서점大修館書店, 1957, pp.51~52). 본고에서는 가장 많은 자료가 취하고 있는 8세설을 따르도록 하겠다.

24) 이 시기에 있었던 주요 사건을 정리해보면 다음과 같다. 이 당시 황룡사에 금당이 조성되었다. 또한 진평왕은 평소 좋아하던 사냥을 죽어서까지 이를 경계하는 김후직의 충고로 그만두고 있다. 한편 구참공도 혜숙의 말을 듣고 사냥하던 습관을 버렸다고 한다.

보여진다. 그렇다면 자장이 실제로 결혼을 해서 처자를 두었다고 볼 수 있는 근거는 없다고 볼 수 있다.[25]

2) 수행 과정

앞에서는 자장의 정확한 생몰년을 규명하고, 그가 출가한 동기 및 성장하는 과정을 살펴보았다. 이러한 검토를 통해, 자장은 불교적인 집안에서 태어나 성장하였음을 알 수 있었다. 그런데 자장은 8세 무렵에 부모님이 모두 돌아가시자, 인생무상을 느끼고 출가하였음을 알 수 있다. 하지만 그가 출가한 동기는 당시 사회의 전반적인 분위기와 동떨어져 있었던 것은 아니었다. 이러한 당시 사회적 배경 속에서 출가한 자장의 수행과정은 다음과 같이 서술되고 있다.

> (7) 마침내 가파른 낭떠러지에 올라 홀로 고요히 선禪을 수행하면서 범과 들소를 피하지 않고 항상 보시하기 어려움을 생각하였다. 때로 마음이 고단하고 졸려 심행心行이 미약해지려고 하면 작은 방에 자리를 잡고 주위를 가시로 둘러쳐 가로막아 살을 드러내고 꼿꼿하게 앉았다. 만일

---

25) 『삼국유사』 권제5 신주(神呪)6 「명랑신인」에서는, "법사의 이름은 명랑으로 자(字)는 국육이다. 신라 사간(沙干; 사찬의 다른 이름으로 17관등 가운데 여덟 번째에 해당된다)인 재량의 아들이다. 어머니는 남간부인으로 혹은 법승랑이라고도 한다. (명랑의 어머니는) 소판 무림의 자식으로 김씨이다. 그렇다면 자장의 누이동생이다. (재량과 남간부인 사이에서는) 세 명의 자식을 두었다. 장남은 국교대덕이고, 차남은 의안대덕이며 법사는 막내이다. (명랑법사는) 처음에 어머니가 청색의 구슬을 삼키는 꿈을 꾸고 임신하였다; 師諱明朗 字國育 新羅沙干才良之子 母曰南澗夫人 或云 法乘娘 蘇判茂林之子金氏 則慈藏之妹也 三息 長曰國敎大德 次曰義安大德 師其季也 初母夢呑靑色珠而有娠"이라고 하였다. 이 자료를 통해 자장의 집안을 좀더 구체적으로 알 수 있다. 자장과 후일 신인종(神印宗)을 개창하는 명랑의 불교사상에는 어떤 연관성이 있는지도 궁금하다. 다음의 연구에서 구체적으로 밝혀보도록 하겠다.

조금이라도 움직이면 가시가 살을 찌르게 하였고, 머리카락을 풀어서
대들보에 매달아 놓으면서, 혼미하고 아득해지는 마음을 없애면서 백
골관白骨觀을 닦아 더욱 밝고 날카로운 경지로 향하게 하였다. 그리하
여 명행冥行이 뚜렷이 나타나는 가피를 입었다.[26)

자장의 초기 수행을 보여주는 위의 기록을 두고, 『속고승전』에
서는 '백골관'이라고 하였는데 『삼국유사』「자장정율」에서는 '고
골관枯骨觀'이라고 하였다. 이로 볼 때 고골관과 백골관은 대체로
같은 수행방법으로 이해된다. 이러한 자장의 백골관 수행은 석가모
니의 수행과정을 연상하게 한다.[27) 또한 자장의 처절한 수행의 모
습은 자신의 다리살을 베어 먹이면서까지 구참공을 교화시켰던 혜
숙의 수행과정과도 통한다고 볼 수 있다. 그렇게 볼 수 있다면, 자
장의 수행은 당시 신라 국내 불교계의 보편적인 수행방법과도 그
흐름을 같이 한다고 볼 수 있다. 이렇게 철저한 수행을 해 나가던
자장은 당시 신라 조정으로부터 부름을 받기도 하였다. 이와 관련
된 기록은 다음과 같다.

(8) 대중들이 모두 우러르게 되자 재상의 벼슬에 해당하는 자리에 자주 부
름을 받았다. 그러나 그가 끝내 나아가지 않자 이에 왕이 크게 노하여
칙사를 산으로 보내서 곧 손수 칼로 베어 죽이려고 하였다. 그럼에도
불구하고 자장은, "나는 차라리 하루를 계를 지키다가 죽을지언정 일
생을 파계破戒하면서 살기를 원하지 않습니다"라고 하였다. 사자가 감
히 그를 베지 못하고 이 사실을 왕에게 보고하였다. 이에 왕이 부끄러
워하면서 감복하여 그를 놓아주고 출가하여 마음껏 도를 닦을 수 있게

---

26) 『속고승전』 24, 「자장전」에서는, "遂登陳獨靜行禪 不避虎兕常思難施 時或弊睡心行
將徵 遂居小室 周障棘刺露身直坐 動便刺犳 懸髮在梁 用祛昏漠 修白骨觀轉向明利 而
冥行顯被"라고 하였다.
27) 신종원, 앞의 논문, p.6 및 남동신, 앞의 논문, p.9.

하였다.[28]

위의 기록에 의하면, 자장은 조정과 왕의 부름을 죽음을 무릅쓰면서까지 거부하고 있다. 그런데 민지閔漬가 1307년에 찬술한[29] 『오대산월정사사적五臺山月精寺事蹟』에 실려 있는 「봉안사리개건사암제일조사전」에 의하면, 자장은 당시 선덕여왕善德女王의 출사령出仕令을 거부하였다고 하면서 당시 그의 나이가 25세라고 하였다.[30] 그러나 이 당시 자장의 목을 베려고 위협한 왕은 선덕여왕이 아니고 진평왕으로 보는 것이 옳을 것이다. 그렇게 볼 때, 위에 제시된 (8)의 사건이 일어난 시기는 자장의 나이가 25세 되던 진평왕眞平王 22년(600)이라고 봐야 할 것이다. 이제 자장이 진평왕의 출사령을 거부한 위의 기록을 통해, 당시 신라 불교계가 당면하고 있던 상황의 일부분도 살펴볼 수 있을 것이라고 생각된다. 이와 관련해서는 아래 사료가 참고된다.

---

28) 『속고승전』 24, 「자장전」에서는, "物望所歸 位當宰相頻徵不就 王大怒 敕往山所將加手刃 藏曰吾寧持戒一日而死 不願一生破戒而生 使者見之不敢加刃 以事上聞 王愧服焉 放令出家任修道業"이라고 하였다.

29) 염중섭, 「『오대산사적기(五臺山事跡記)』「제일조사전기(第一祖師傳記)」의 수정인식 고찰―민지의 오대산불교 인식」『국학연구』 18, 2011을 참고하기 바란다.

30) 민지(閔漬), 『오대산월정사사적(五臺山月精寺事蹟)』「봉안사리개건사암제일조사전(奉安舍利開建寺庵第一祖師傳)」에는, "善德王聞師魁傑 欲拜相國 師堅志不聽 王大怒 以韌授使者曰 今若不從 斬首級來 祖師引頸 授使者曰 破戒而生 不如持戒而死 略無懼色 使者不忍加誅 復于王 於是王壯其岳立之志許焉 師時年二十五也"라고 하였다. 남동신은 이 사건이 선덕여왕 원년으로부터(632) 자장이 당으로 구법의 길을 떠났던 동왕 7년(638) 사이의 어느 해에 일어난 것으로 보았다. 이를 토대로 자장이 태어나는 시기를 진평왕 30년에서(608) 동왕 36년(614) 사이의 어느 해 4월 8일에 해당하는 것으로 보았다(앞의 논문, 1992, p.8). 그런데 이렇게 보면, 자장이 50세를 넘기지 못하고 입적한 것으로 파악될 수 있다. 하지만 뒤에서 계속 살펴지겠지만, 자장의 다양한 활동상을 살펴보면 자장은 80세까지 살았다고 봐야만 할 것이다.

신라 자장 연구

(9) 진평왕 22년에 고승 원광이 조빙사朝聘使 나마奈麻 제문諸文과 대사
횡천橫川과 함께 귀국하였다.[31]

(10) 이때 원광법사가 수隋나라에서 유학하고 돌아와 가실사加悉寺에 있
었다. (중략) 귀산貴山 등이 찾아 뵙고 말하기를, "세속 선비들이 종
신토록 지킬 교훈을 가르쳐 주시기를 부탁드립니다"라고 하였다. 법
사가 말하기를, "불계佛戒에는 보살계菩薩戒가 있는데, 신하된 자가
감당하기 어렵습니다. 지금 (그대들에게 알맞은 가르침으로는) 세속
오계가 있습니다"라고 하였다.[32]

(11) 내가 살기 위해 남을 죽이는 것은 사문沙門의 도리가 아닙니다. 그러
나 빈도貧道는 대왕의 토지에 살건서 대왕의 수초水草를 먹으니 어찌
감히 명령을 따르지 않겠습니까.[33]

위의 기록에서도 보이듯이, 자장이 진평왕의 출사령을 거부할
당시에 중국의 수隋나라로부터 원광법사가 귀국하였다. 이때부터
신라불교계는 원광에 의해 주도되었다. 그런데 원광은 (10)에서와
같이 세속 사람들이 불교의 보살계를 지키기 어렵다고 하면서, 귀
산과 추항에게 세속오계를 내려주고 있다. 또한 (11)에 의하면 원광
은 진평왕 30년(608; 당시 자장의 나이 33세)에 수隋에 구원병을
청하는 걸사표乞師表를 작성하면서, 자신의 괴로운 심정을 토로하
고 있다. 이로 볼 때, 원광은 진평왕대 왕실불교의 입장을 거부하지
못하고 현실과 일정 정도 타협하는 자신을 두고 고민하고 있음을
알 수 있다. 그런데 이러한 원광의 불교경향보다 자장의 출가수행

---

31) 『삼국사기』 권4 「신라본기(新羅本紀)」 4, 진평왕 22년조에는, "高僧圓光 隨朝聘使奈
麻諸文 大舍橫川還"이라고 하였다.

32) 『삼국사기』 권45 열전(列傳) 5 「귀산(貴山)」 및 권47 열전 7 「해론(奚論)」전을 참고
하기 바란다.

33) 『삼국사기』 권4, 「신라본기」 4, 진평왕 30년조에는, "求自存而滅他 非沙門之行也
貧道在大王之土地 食大王之水草 敢不惟命是從"이라고 하였다.

의 내용은 더욱더 철저해지고 있었음도 알 수 있다.[34]

한편 진평왕의 출사령을 거부한 이후, 자장의 출가수행은 더욱더 철저해지고 있다. 하지만 자장도 진평왕의 뒤를 이어 왕위를 계승하게 되는 선덕여왕의 요청은 끝내 거부하지 못한 것으로 보인다. 이러한 부분은 다음 장에서 보다 구체적으로 검토될 것이다.

2. 신라왕실 및 당(唐) 왕조와의 관계

1) 동륜계와 연결

앞에서 자장의 부친인 김무림은 진평왕대 초기까지 활동하였을 것으로 보았다. 이에 자장은 양친이 모두 돌아가신 뒤에 출가하여 백골관白骨觀 또는 고골관枯骨觀으로 불려지는 철저한 수행을 하였음도 알 수 있다. 그런데 이 당시 진평왕의 출사령도 단호히 부정하는 자장의 모습과 그를 끝내 죽이지 않는 진평왕의 태도로 볼 때, 자장은 신라 중고왕실과 깊게 연관되고 있음을 알 수 있다. 그렇다면 자장은 진지왕계인 사륜계舍輪系보다는 진평왕계인 동륜계銅輪系 왕실과 보다 더 가까웠음을 알 수 있다.[35] 이와 관련해서는 아래 사료가 참고된다.

(12)-① 그러자 그는 곧 다시 깊이 숨어 외부와 왕래를 끊었다. 양식은 물

---

34) 원광의 불교사상은 일정 정도 자장의 불교에 영향을 미쳤다고 보여진다. 이러한 측면은 다음의 연구에서 좀더 세밀하게 검토하고자 한다.

신라 자장 연구

론 궁핍하였지만 죽음을 운명으로 생각하였더니 문득 감응이 일어났다. 뿐만 아니라 기이한 새들이 여러 가지 과일을 물고 와서 손에 앉아 과일을 내주고 새들도 자장의 손바닥에 자리를 잡고 앉아서 함께 먹었다. 때가 되면 반드시 그렇게 하여 조금도 시간을 어기는 일이 없었다. 이는 그의 수행이 현징玄徵에 감응한 것으로 그와 짝할 사람은 거의 없을 것이다. 그러면서 그는 늘 자비스러운 생각을 품고 중생들을 자애慈愛하여 무슨 방편으로 그들을 생사의 윤회에서 벗어나게 하여 줄 것인가를 생각하였다. ② 그러던 어느 날 마침내 두 사람의 장부丈夫가 잠자리에 나타나 물었다. "그대는 그윽이 숨어 있으면서 어떤 이익을 원하고 있는가?" 이에 자장이 대답하였다. "오직 중생들을 이익되게 하고자 합니다"라고 하였다. 그러자 그들은 곧 자장에게 오계五戒를 내려주고 나서 말하기를, "이 오계로써 중생들을 이익되게 할 수 있을 것입니다"라고 하였다. 다시 자장에게 말하기를, "우리는 도리천忉利天에서 왔으며 짐짓 그대에게 계를 내려주기 위해 왔습니다"라고 하였다. 이렇게 말한 뒤 공중으로 치솟아 사라졌다. 이에 그는 산에서 내려와 한달 동안 나라 안의 남녀노소들에게 모두 오계를 주었다.[36]

위의 기록에서 (12)-①은 진평왕의 출사령까지 거부하면서 혹독한 수행을 하고 있는 자장의 모습이 어떠하였는지를 자세하게 보여주고 있다. 또한 자장의 출가수행은 자신만의 깨달음만을 추구하는 것이 아니라 끝내는 중생을 구제하겠다는 커다란 서원도 갖고 있었다는 사실을 밝히고 있다. 그런데 (12)-②에 의하면, 이러한 수행

---

35) 사륜계는 진흥왕의 둘째 아들인 사륜 또는 금륜(金輪)을 중심으로 한 그의 직계 자손을 의미한다. 말하자면 진흥왕의 둘째 아들로서 뒤에 진지왕(眞智王)으로 즉위하는 사륜과 그의 아들인 김용춘 또는 김용수, 그리고 손자인 김춘추를 말한다. 이에 반해 동륜계는 동륜태자의 아들인 진평왕과 그의 왕위를 계승하는 선덕여왕과 진덕여왕을 들 수 있다. 김덕원은 신라 중고시대 동륜계와 사륜계의 정치적인 실체를 치밀하게 분석하였다(『신라중고정치사연구』, 경인문화사, 2007).

의 결과 자장은 도리천에서 내려온 두 명의 장부로부터 오계를 받은 이후 다시 속세俗世로 돌아오고 있다. 뿐만 아니라 이때 자장은 향읍鄕邑의 사녀士女들에게 계戒를 주고 있다. 이러한 부분을 통해서 당시 자장의 불교관이 점차 변화되고 있음이 감지될 뿐만 아니라, 이때부터 자장이 당시 불교계를 주도하게 된 것으로 이해된다. 그런데 자장에게 오계를 주었다는 두 장부가 구체적으로 누구를 가리키는지는 확실하지 않다.[37] 하지만 도리천에서 두 장부를 보내 자장에게 오계를 주었다고 하였음이 주목된다. 이때 자장에게 오계를 준 주체는 선덕여왕이라고 보여진다.[38] 그렇다면 (12)-②의 기록은 선덕여왕 즉위초라고 할 수 있으며, 이 당시 자장의 나이는 57세 무렵이었다고 볼 수 있다.

---

36) 『속고승전』 24, 「자장전」에서는, "卽又深隱 外絶來往 糧粒固窮 以死爲命 便感異鳥 各銜諸果就手送與 鳥於藏手 就而共食 時至必爾 初無乖候 斯行感玄徵 罕有聯者 而常懷慼慼慈哀含識作何 方便令免生死 遂於眠寐見二丈夫曰 卿在幽隱欲爲何利 藏曰 惟爲利益衆生 乃授藏五戒訖曰 可將此五戒利益衆生 又告藏曰 吾從忉利天來 故授汝戒 因騰空滅 於是出山 一月之間國中士女咸受五戒"라고 하였다. 도세의 『법원주림』에서도, "深隱山居 來往絶糧 便感異鳥 各銜諸果 就手送與 鳥於藏手 同共食之 時至必爾 初無乖候 行感玄徵 罕有繼者 而常懷慼慼 慈哀含識 作何方便 令免生死 遂於眠寐 見二丈夫曰 卿在幽隱 欲爲何利 藏曰 唯爲利生 乃授藏五戒 訖曰 可將此五戒 利益衆生 又告藏曰 吾從忉利天來 故授汝戒 因騰空滅 於是出山 國中士女 受戒無窮"라고 하면서 같은 내용을 전하고 있다. 하지만 『삼국유사』 「자장정율」에서는, "이에 (자장은) 바위 무더기에 깊이 숨어 살았다. 조금의 양식도 도움을 받지 못하였다. 그런데 이때에 이상한 새가 과일을 물어다 바치니, 이것을 손으로 받아서 먹었다. 문득 꿈에 천인(天人)이 오계를 내려 주었다. 바야흐로 계곡에서 나왔으며, 향읍의 사녀(士女)들이 다투어 와서 계를 받았다; 乃深隱岩叢 糧粒不恤 時有異禽 含菓來供 就手而喰 俄夢天人 來授五戒 方始出谷 鄕邑士女 爭來受戒"라고 하였다.

37) 이 부분은 『금광명경』의 사천왕신앙과 연관될 수 있다는 지적이 있었다. 본고에서는 이러한 부분까지 검토하지는 못하였다. 이 문제는 자장의 사상을 보다 구체적으로 밝히면서 해명될 필요가 있다. 다음의 연구에서 이러한 문제를 좀더 천착해 보도록 하겠다.

 신라 자장 연구

2) 중국으로의 유학과 당 왕조의 환대

지금까지 진흥왕 37년(576)에 태어난 자장이 신라 국내에서 어떻게 출가하였으며, 또 어떤 수행과정을 걷고 있었는지를 검토해 보았다. 이를 통해 진평왕의 출사령을 강경하게 거부했던 자장이 선덕여왕의 부름에 의해 속세로 다시 나오고 있음도 알 수 있었다. 또한 이때부터 자장은 본격적인 활동을 하게 된다. 그렇다면 지금부터는 입당入唐 이후 자장의 행적을 살펴보도록 하겠다. 다음의 사료가 참고된다.

(13)-① 그 후 그는 다시 '태어나서 변두리 땅에 있으니 이곳에 불법이 아직 홍법되지 않아 눈으로 경험하지 않고서는 무엇을 계승하여 받들 것인지를 자세하게 알 수가 없다'라고 깊이 생각하였다. 이러한 생각을 가지게 된 뒤에 곧바로 본국의 왕에게 자신이 생각한 내용을 아뢰고 서쪽으로 가서 큰 교화를 보고 오겠다고 하였다. ② 그리하여 정관 12년(638)에 문인인 승실僧實 등 10여 명의 제자들을 거느리고 동쪽 나라를 떠나 당의 서울에 이르렀다. ③ 그곳에서 황제의 위무를 받고 승광사勝光寺의 별원別院에 거처하면서 후한 예우와 남다른 공양을 받았다. 그곳에 인물이 많이 모여들고 재물이 쌓이게 되자 곧 밖에서 도둑이 들어왔다. 그런데 도둑이 물건을 가져가려고 할 때 마음이 떨리고 자기도 모르게 놀라 돌아와서 잘못을 시인하였다. 이에 그는 곧 그들에게 계를 내려 주었다. 또 태어나면서부터 앞을 못보던 사람이 있었는데 자장을 찾아가 참회를 한 후 돌아가 눈을 뜰 수 있

---

38) 도리천이 선덕여왕과 깊게 연관되어 있음은 이미 선학들의 연구에 의해 충분하게 밝혀졌다. 아래의 논문이 참고된다.
김철준, 「신라 상대사회(上代社會)의 Dual Organzation」(하) 『역사학보』 2, 1952, p.92;『한국고대사회연구』, 서울대학교 출판부, 1990, p.148.
김두진, 「신라 진평왕대의 석가불신앙(釋迦佛信仰)」 『한국학논총』 10, 국민대학교 한국학연구소, 1987, p.22.

었다. 이러한 상서로운 감응으로 말미암아 그로부터 계를 받는 사람
이 하루에도 수천명을 헤아리게 되었다. ④ 그는 성품이 고요한 곳에
깃드는 것을 즐겨 하였으므로, 이러한 (자신의) 뜻을 황제에게 아뢰
고 입산入山하였다. 자장은 종남산終南山 운제사雲際寺의 동쪽 까마
득한 절벽 위에 방을 마련하고 그곳에 거처하였는데, 아침 저녁으로
사람과 귀신이 계에 귀의하면서 모여들게 되었다. 당시 소진少疹에
전염된 사람에게 아픈 곳을 어루만져 주니 금세 발진이 없어지고 병
이 치유되었다.[39]

(14) 신라 왕자인 김자장은 존귀한 자리를 가볍게 보면서, 세속을 버리고
출가하였다. 멀리 법상法常(567~645)의 소문을 듣고, 경건하게 우러
러보고 그 말과 명령을 직접 눈으로 볼 생각으로 마침내 산을 넘고 바
다를 건너 경사京師(필자주; 당시 당의 수도였던 장안을 말한다)에 이
르렀다. 그는 배안에서 꿈에 법상의 얼굴 모습을 보았는데, 경사에서
직접 형상을 보게 되자 완연히 꿈속에서 본 얼굴과 같았기에 감격의
눈물을 흘리며 이렇게 만나게 된 것을 매우 기뻐하였다. 이에 그는 법
상으로부터 보살계를 받았으며, 예를 다하여 법상을 섬겼다.[40]

위의 기록에서 (13)-①은 자장이 중국의 당나라로 구법의 길을
떠나게 된 동기를 밝히고 있다.[41] 그런 다음 ②에서는 입당시기를

---

39) 도선, 『속고승전』 24, 「자장전」에는, "又深惟曰 生在邊壤佛法未弘 自非目驗無由承
奉 乃啓本王西觀大化 以貞觀十二年 將領門人僧實等十有餘人 東辭至京 蒙敕慰撫 勝
光別院厚禮殊供 人物繁擁財事旣積 便來外盜 賊者將取心戰自驚 返來露過 便授其戒
有患生盲 詣藏陳懺後還得眼 由斯祥應 從受戒者 日有千計 性樂栖靜啓敕入山 於終南
雲際寺東懸崿之上 架室居焉 旦夕人神歸戒又集 時染少疹見受戒神爲摩所苦 尋卽除
愈"라고 하였다.

40) 도선, 『속고승전』 15, 「당경사보광사석법상전(唐京師普光寺釋法常傳)」(대정장 50,
541 상)에는, "新羅王子金慈藏 輕忽貴位棄俗出家 遠聞虔仰思睹言令 遂架山航海遠
造京師 乃於船中夢矚顏色 及睹形狀宛若夢中 悲涕交流欣其會遇 因從受菩薩戒 盡禮
事焉"이라고 하였다. 여기에서는 자장을 신라왕자라고 하였는데, 이것은 이 당시 진
골로 있던 소판 무림의 아들이었다고 하는 『속고승전』 「자장전」의 기록과 크게 차이
가 나는 것은 아니라고 생각된다. 비록 후대의 자료에 의한 기록이긴 하지만, 원측
의 경우에도 '신라국왕지손(新羅國王之孫)' 이라고 표현한 예가 보이고 있다.

밝히고 있다. 이로 볼 때 자장이 중국에 유학한 시기는 선덕여왕 7
년(638)부터 선덕여왕 12년(643)으로, 그의 나이는 63세부터 67세
무렵이었다.[42] 또한 「황룡사구층목탑찰주본기」에서는, 자장이 사
신 신통神通과 함께 갔다고 되어 있다. 이러한 사실들을 종합해 볼
때, 자장은 당에 가는 사신 일행과 함께 중국으로 유학의 길을 떠난
것으로 보인다.[43]

그렇다면 자장의 입당유학은 일반적인 구법승들과는 그 동기나
성격이 달랐다고 할 수 있다. 이미 신라 불교계에서 상당한 위치에
있었던 고승의 신분으로 중국으로 유학하였기 때문에, 자장은 중국
에서 법상法常으로부터 보살계를 받을 수 있었다.[44] 자장이 중국으

---

41) 『삼국유사』「자장정율」에서는, "자장은 자신이 변방에 태어난 것을 탄식하면서 중국
   으로 가서 크게 교화되기를 희망하였다; 藏自嘆邊生 西希大化"라고 하였다. 이로 볼
   때 자장이 당나라로 구법의 길을 떠난 것은 자발적이었을 뿐만 아니라, 단순히 구법
   (求法)만을 목적으로 한 것은 아니었음을 알 수 있다.
42) 『삼국사기』 및 중국측 기록인 『구당서』와 『신당서』에는 선덕여왕 4년(635)부터 7년
   (638)까지 신라가 당나라에 사신을 파견했다는 기사는 전혀 보이지 않고 있다. 하지
   만 이것은 기록의 누락으로 보인다. 왜냐하면 『삼국사기』에 실려 있는 선덕여왕 원
   년·2년·11년의 사신 파견기사도 중국측 사서에서는 누락되어 있기 때문이다(김영
   미, 「자장의 불국토사상(佛國土思想)」 『한국사시민강좌』 10, 1992, p.5).
43) 「신라황룡사구층목탑찰주본기」에도, "대왕의 즉위 7년이고 대당의 정관 12년(638)
   이며 우리나라의 인평 5년인 무술년에 우리나라 사신인 신통을 따라서 서국(西國;
   중국을 말함)으로 들어갔다; 大王卽位七年 大唐貞觀十二年 我國仁平五年戊戌歲 隨
   我使神通入於西國"이라고 하였다. 그런데 『삼국유사』「자장정율」은 『삼국사기』의
   기록을 따르면서, 자장의 입당 시기를 636년으로 보았다. 그러면서 이때 자장이 오
   대산에도 들렀던 것처럼 서술하였다. 이러한 부분은 자장의 만년 모습을 서술하고
   있는 부분에서도 보이고 있다. 그렇다면 이러한 내용이 「자장정율」에 삽입된 이유가
   궁금해진다. 이러한 부분은 『자장과 오대산신앙 연구』라는 주제로 새롭게 검토해볼
   예정이다.
44) 정관(貞觀) 초년인 627년에 15세로 입당 구법한 원측은 법상과 승변에게 수학하고
   있다. 하지만 자장은 법상에게 보살계를 받고 있다. 이로 볼 때, 자장은 원측보다 훨
   씬 나이가 많았음을 알 수 있다.

로 구법의 길을 떠났던 638년에 자장의 나이는 63세였으며, 당시 법상의 나이는 72세였다.[45] 그렇다면 법상은 자장보다 9년 정도 나이가 많았다고 볼 수 있다. 또한 중국에 입당할 때, 자장은 이미 신라 국내 불교계에서 상당한 위치에 있었음도 알 수 있다. 그렇기 때문에 자장은 중국에서 많은 이적을 행했을 뿐만 아니라, 많은 사람에게 계를 내릴 수도 있었다. 자장은 당의 장안에서 승광사의 별원에 머무르면서, 공관사에 있던 법상으로부터 보살계를 받았을 뿐만 아니라 중국 장안의 종남산에서 3년 동안 은거하면서 수행을 계속하였다. 이 당시 종남산에서 자장이 수행하면서 겪었던 일들은 이미 앞에서 제시한 (1)의 자료에서 충분하게 검토하였다.[46] 이 당시 자장은 당에서 수행과 교화활동을 계속하고 싶었지만, 신라 국내의 상황은 이러한 자장의 소망과 다르게 전개되어 갔다. 말하자면 자장의 귀국은 본인의 의지와 무관하게 당시 신라가 처했던 위기 상황 속에 이루어진다. 아래 자료가 참고된다.

(15) 정관 17년(643) 본국에서 돌아오기를 요청하니, 황제에게 계啓를 올

---

45) 이때 자장은 법상을 직접 만나보기 위해 입당하였다고 보기도 한다(김호동, 「『속고 승전』과 『대당서역구법고승전(大唐西域求法高僧傳)』에 입전된 한국 고승의 행적」 『민족문화논총』 20, 영남대 민족문화연구소, 1999, p.187).

46) 앞에서 검토한 (1)의 자료에 의하면, 자장은 이 당시 죽을 고비를 넘긴 것으로 되어 있다. 그렇다면 이때 자장을 죽이려고 왔던 대귀신(大鬼神)과 이를 막았던 대귀신의 존재가 무엇을 상징하는지가 궁금하다. 일단 본고에서는 두 가지의 가능성을 제기해 둔다. 첫 번째로는, 이 당시에 자장이 도교와 불교의 논쟁에 개입되었을 가능성이다. 자장이 중국에 머무르고 있을 때, 당태종은 억불숭도적(抑佛崇道的) 입장을 취하고 있었다. 이런 사실이 (1)의 기록처럼 은유적으로 표현되었을 가능성이다(남동신, 앞의 논문, 1992, pp.11~12). 두 번째로는, 자장과 그의 제자가 종남산에서 어떤 질병에 걸려서 죽을 뻔했던 사실을 전하는 것일 수도 있다. 현재 필자는 이러한 두 가지 가능성을 모두 구체적으로 논증할 자료를 갖고 있지는 못하다. 앞으로 이러한 부분도 검토할 기회를 갖도록 하겠다.

려 허락을 받았다. 황제는 자장을 이끌고 궁중으로 들어가 납의納衣 한 벌과 갖가지 채색 비단 5백단을 하사하였고, 황태자(필자주; 후일 고종)는 2백단을 하사하였다. 이어 황제는 홍복사에서 나라를 위하여 대재大齋를 마련하고 대덕大德의 법회를 열었으며, 아울러 여덟 사람에게 도첩度牒을 내려주었다. 또 태상太常에게 명령하여 구부九部에서 공양을 드리게 하였다. 이때 자장은 본국에 불경과 불상이 조락하여 완전하지 못하다고 하여 마침내 대장경 한 부와 여러 미묘한 불상과 번개 등을 얻었는데, 모두 복리가 될 만한 것들이었으며 이것들을 갖고 본국으로 돌아왔다.[47]

위의 기록에 의하면 자장은 신라로 귀국할 때, 당 태종뿐만 아니라 동궁東宮(후일 당 고종이 됨)으로부터도 후한 대접을 받고 있음을 알 수 있다. 자장은 비록 5년이라는 짧은 기간 동안 중국 장안과 종남산에 체류했지만, 당시의 석학이었던 법상을 만나서 보살계를 받았다. 나아가 당시 당조의 실권자였던 태종뿐만 아니라, 그를 계승해서 왕위를 이을 고종까지 만날 수 있었던 것이다. 또한 신라국 내에서 필요로 하던 많은 불경과 사리 및 계율과 관련된 자료를 가지고, 정관초인 627년에 입당구법入唐求法했던 원승圓勝과 함께 귀국하였다.[48]

---

47) 도선, 『속고승전』24, 「자장전」에는, "貞觀十七年 本國請還 啓敕蒙許 引藏入宮 賜納一領雜綵五百段 東宮賜二百段 仍於弘福寺爲國設大齋 大德法集 幷度八人 又敕太常九部供養 藏以本朝經像彫落未全 遂得藏經一部幷諸妙像幡花蓋具堪爲福利者 齎還本國"이라고 하였다.

48) 도선, 『속고승전』24, 「자장전」에는, "有沙門圓勝者 本族辰韓清愼僧也 以貞觀初年 來儀京輦遍陶法肆 聞持鏡曉 志存定攝 護法爲心 與藏齊襟秉維城塹 及同返國大敞行 途講開律部 惟其光肇自昔東蕃有來西學 經術雖聞無行戒檢 緣搆旣重 今則三學備焉 是知通法護法代有斯人 中濁邊清於斯驗矣"라고 하였다.

3. 귀국 이후 활동

1) 황룡사구층목탑과 통도사 계단 건립

지금까지 살펴보았듯이, 자장은 중국불교의 당시 상황을 정확하게 알아보기 위해 입당하였다. 이때 자장은 당에 계속 머무르면서 수행과 교화활동을 계속하고 싶었다. 하지만 선덕여왕의 귀국요청을 거절하지 못한 채 신라로 귀국할 수밖에 없었음도 알 수 있다. 지금부터는 귀국 이후 자장의 활동을 살펴보고자 한다. 아래 자료가 참고된다.

> (16)-① (자장이) 고향에 도착하자 온 나라가 그를 환영하였고 이에 일대一代의 불법佛法이 뚜렷하게 일어나게 되었다. 왕은 자장이 중국에서 크게 우러러 보았으며 정교正敎를 널리 지니고 있는 스님이므로 그가 강리綱理하지 않으면 불법의 오탁汚濁을 숙청할 길이 없다고 보았다. 그리하여 마침내 자장을 대국통大國統으로 삼고 왕분사王芬寺에 주석하게 하였다. 이 절은 곧 왕이 창건한 절이었다. ② 그 후 다시 따로 정원精院을 건축하고 특별히 열 사람에게 도첩을 내려 주어 항상 자장스님을 모시고 시중을 들게 하였다. ③ 그 후 왕이 다시 청하여 궁중에 들어가 한 해 여름 동안 『섭대승론攝大乘論』을 강의하였다. ④ 만년에는 다시 황룡사皇龍寺에서 『보살계본菩薩戒本』을 강의하였는데, 7일 동안 밤낮으로 하늘에서 감로甘露가 내리고 구름과 안개가 갑자기 자욱해지더니 강의하는 장소를 덮었다. 이에 사부대중이 감탄하였으며 그의 성스러운 이름이 더욱 널리 퍼졌다. 그리하여 법회를 마치는 날이 되자 그로부터 계를 받으려는 사람들이 구름처럼 몰려들었다. 이로 인하여 생활을 혁신하여 힘쓰게 된 사람이 열 집 가운데 아홉 집은 되었다.[49]
>
> (17) (자장은) 선덕여왕 12년 계묘에 본국으로 돌아가고자 남산南山 원향선사圓香禪師를 만났다. (원향)선사가 일러 말하기를, "내가 관심觀心으로 그대 나라를 보니, 황룡사에 9층탑을 세우면 해동의 여러 나

라들이 그대 나라에게 항복할 것입니다"라고 하였다. 자장이 이 말을
가지고 돌아와서 왕에게 아뢰었다. 이에 이간伊干인 용수龍樹를 감군
監君으로 임명하고 대장大匠인 백제의 아비 등이 소장小匠 200인을
거느리고 이 탑을 세우도록 하였다.[50]

(18) (자장은) 머리를 깎고 도를 구하는 이가 세월이 갈수록 더욱 많아지니
이에 통도사通度寺를 창건하여 계단을 쌓고 사방에서 오는 사람들을
제도하였다.[51]

위에 제시한 (16)의 기록에 의하면, 신라로 귀국한 자장은 선덕
여왕에 의해 대국통에 임명되면서 분황사에 거주하고 있다. 또한
계단戒壇 조직을 완비하였을 뿐만 아니라, 궁중에서 『섭대승론攝大
乘論』을 강의하였다. 선덕여왕 말년에는 황룡사에서 『보살계본菩薩
戒本』을 강의하면서, 신라불교의 계율을 정비하는 모습도 보이고
있다.

한편 (17)에 의하면, 자장은 중국에서 돌아올 때 만난 남산 원향
선사가 전한 사실을 기반으로 황룡사에 구층목탑을 건립하고 있
다.[52] 이때에 공사책임은 이간伊干인 용수龍樹가 지휘하였다. 이 당
시 자장의 나이는 70세였다. 그런데 그 당시 이간 용수의 정확한

---

49) 도선, 『속고승전』 24, 「자장전」에서는, "旣達鄕壞 傾國來迎 一代佛法於斯興顯 王以
   藏景仰大國 弘持正敎 非夫綱理 無以肅淸乃敕藏爲大國統 住王芬寺 寺卽王之所造 又
   別築精院 別度十人恒充給侍 又請入宮 一夏講攝大乘論 晩又於皇龍寺講菩薩戒本 七
   日七夜天降甘露 雲霧奄藹覆所講堂 四部興嗟聲望彌遠 及散席日 從受戒者其量雲從
   因之革厲十室而九"라고 하였다. 그런데 『삼국유사』 「자장정율」에서는 이 부분에 대
   한 표현에 미세한 차이가 보인다. 아마도 일연의 '자장관(慈藏觀)'이 반영된 서술로
   보여지는데, 이 문제는 제4장에서 검토해 보도록 하겠다.

50) 「신라황룡사구층목탑찰주본기」에서는, "王之十二年癸卯歲 欲歸本國 頂辭南山圓香
   禪師 禪師謂曰 吾以觀心 觀公之國 皇龍寺建九層窣堵波 海東諸國 渾降汝國 慈藏持語
   而還以聞乃 命監君伊干龍樹大匠△濟△非等率小匠二百人造斯塔焉"이라고 하였다.

51) 『삼국유사』 「자장정율」에서는, "祝髮請度 歲月增至 乃創通度寺 築戒壇以度四來"라
   고 하였다.

나이는 알 수 없지만, 대체로 63세를 전후하였을 것이다.[53] 이렇게 자장과 용수의 나이를 짐작해 볼 수 있다면, 자장과 이간 용수가 정치적으로는 노선이 약간 달랐을지라도 서로 비슷한 연배였음을 알 수 있다.

또한 (18)에서는 통도사를 창건하면서 계단을 쌓은 일도 전하고 있다. 그런데 (17)과 (18)의 일은 도선의 『속고승전』과 도세의 『법원주림』에서 언급되고 있지 않다. 도선이 이 부분을 언급하지 않은 이유가 궁금하지만, 위의 두 가지 사실은 모두 자장 당대의 사실로 볼 수 있다.

그렇다면 645년과 646년에 황룡사구층목탑과 통도사 금강계단을 설치한 것이 가지는 의미를 살펴볼 필요가 있다. 중국 불교도들에게 645년은 새로운 시대의 시작을 의미하였다고 알려지고 있다. 당唐 왕조는 짧은 기간 동안만 존재했던 수隋 왕조를 반면교사反面教師로 삼았기 때문에, 당 건국 초기에는 수나라의 불교보호정책을 사실상 폐기하다시피 하였다. 그런데 645년에 현장玄奘이 인도로부터 중국의 장안長安으로 귀환하면서부터 불교에 대한 당 왕조의 소극적인 태도는 달라지기 시작하였다. 이해 4월에 당 왕조가 현장의 방대한 역경 사업을 전폭적으로 지원하고 나선 것은, 불교도들에게 매우 고무적인 일로 이해되었다. 황제의 칙명으로 처음부터 번역장飜譯場에 참여한 승려들은, 그들에게 불교 중흥의 시대를 가

---

52) 황룡사구층목탑 건립과 관련해서는 안홍의 존재도 중요하다. 하지만 본고에서는 이러한 부분을 면밀하게 검토하지 못하였다. 다음의 연구에서는 이러한 부분도 좀 더 자세하게 검토해보도록 하겠다.
53) 신라 중고시대에 활약했던 주요 인물들의 나이는, 김덕원(『신라중고정치사연구』, 경인문화사, 2007)의 연구에서 자세하게 검토되고 있다.

져다 준 현장玄奘을 다투어 영웅적으로 묘사하게 되었다고 한다.[54]

그런데 신라에서는 643년에 당唐으로부터 귀국한 자장에 의해 신라 불교의 계율이 정비될 뿐만 아니라, 황룡사구층목탑과 통도사의 금강계단이 설치되었다. 이러한 모습은 중국불교에서 현장이 차지하는 위치만큼이나 신라불교에서 자장의 역할도 중요하게 부각되었음을 알 수 있다.

그렇다면 자장에게 황룡사구층목탑을 세울 것을 건의한 원향선사는 누구를 가리키는지도 궁금하다.[55] 이에 저자는 '남산 원향선사'라는 표현에 주목하고자 한다. 우선 '남산 원향선사'를 동일한 인물로 본다면, 남산 율종의 개산조인 도선을 일컫는다고 볼 수 있다.[56] 이렇게 볼 수 있다면 (17)과 (18)의 일이 도선의 『속고승전』에 실리지 않은 이유가 설명될 수 있다. 말하자면 (17)과 (18)의 일은 자장에 의해 신라에서 구현되었지만, 이러한 불사佛事에 대한 기본적인 아이디어는 도선이 제공하였을 것으로 보여진다. 한편 자장이 신

---

54) 남동신, 「현장(玄奘)의 인도(印度) 구법(求法)과 현장상(玄奘像)의 추이-서역기(西域記), 현장전(玄奘傳), 자은전(慈恩傳)의 비교 검토를 중심으로-」 『불교학연구』 20, 2008, pp.200~201. 이 논문은 이주형 책임편집, 『동아시아 구법승과 인도의 불교 유적-인도로 떠난 순례자들의 발자취를 따라』, (주)사회평론, 2009에도 다시 수록되었다.

55) 남동신은 세 가지의 가능성을 제시하였다. 첫째, 자장과 도선의 관계로 미루어 도선으로 보는 점이다. 둘째, 원향선사의 말 가운데 '관심(觀心)'은 천태학의 용어이므로, 세상에 알려지지 않은 천태종 승려로 보는 점이다. 마지막으로 선사란 말 그대로 선종승려로 보는 점이다. 어떻게 해석하든 원향선사가 종남산에서 활약한 승려임은 분명하다고 보았다(앞의 논문, 1992, p.23의 각주 87). 또한 김복순은 수(隋)나라 때 영향력이 있었던 승려일 가능성을 제기하였다(앞의 책, 2008, p.104).

56) 하지만 '남산 원향선사'를 '남산의 원향선사'로 이해한다면, 원향선사는 도선의 문도로 볼 수 있는 가능성도 없는 것은 아니다. 그런데 이 부분은 『삼국유사』를 비롯한 고려시대 자료에서는 태화지(太和池)에서 만난 신인(神人)이나 문수보살(文殊菩薩) 또는 노인(老人) 등으로 그 존재가 변하고 있다. 이와 관련된 부분은 자장과 문수보살 친견신앙이 어떻게 연관되는지를 살피면서, 새롭게 검토해볼 필요가 있다.

라로 귀국할 때 나이는 68세였는데, 이 당시 도선은 48세였다. 이렇게 볼 수 있다면, 자장은 도선보다 20년 선배였음을 알 수 있다.

2) 진덕여왕대 교단의 정비와 복식개혁

당으로부터 귀국한 자장이 본격적으로 활동하는 신라 불교계는 선덕여왕과 진덕여왕대를 거치면서, 이전 시기와 다른 양상으로 전개되어 나갔다. 우선 선덕여왕대에 자장은 황룡사구층목탑과 통도사 금강계단을 건립하였다. 그런데 진덕여왕대에 자장은 좀더 본격적으로 승단조직을 정비하였다.[57] 또한 말년에는 복식개혁도 하였다. 이와 관련된 자료는 아래와 같다.

> (19) 자장은 이러한 아름다운 운수를 맞게 되자 이로 말미암아 더욱 용기를 얻어 갖고 있던 옷과 자산을 모두 보시에 충당하고 오직 두타행頭陀行에 종사하고 난야행蘭若行을 자신이 해야 할 기본적인 업으로 삼았다. 바로 이때는 청구靑丘에 불법이 건너간 지 백년이 되었지만 불법을 두루 알리는데에 이르러서는 원만하게 갖추어졌다고 하기에 모자라는 점이 있었다. 마침내 여러 재상들과 상세하게 기율을 바로잡을 것을 평론하게 되었다. 이때 진덕여왕과 신하들이 논의하여 규칙과 계획할 일이 있으면 모두 승통僧統인 자장에게 위임하기로 결정을 내렸다.
> 자장은 승니僧尼 등 오부대중에게 각기 구습舊習을 더욱더 열심히

---

57) 이와 관련해서는 아래 논문이 참고된다.
  채상식, 「자장의 교단정비와 승관제(僧官制)」『불교문화연구』 4, 영축불교문화연구원, 1995.
  남동신, 「신라의 승정기구(僧政機構)와 승정제도(僧政制度)」『한국고대사논총』 9, 2000.
  신선혜, 「신라 중고기(中古期) 불교계의 동향과 승정(僧政)」『한국사학보』 25, 2006.

익히게 하면서, 다시 강관鋼管을 두어 감찰하고 유지하게 하였다. 보름날에는 계를 설하고 율에 근거해 참회하면서 악을 제거하게 하였다. 봄과 겨울에는 순사巡使를 두어 여러 절을 두루두루 돌아다니며 훈계하고 격려하면서 설법하였다. 부처님의 형상을 장엄하게 장식하고 대중의 업을 경영하며 다스리게 하는 이러한 제도를 고정시켜 변치 않는 제도로 삼았다. 이에 근거하여 말한다면 바로 이 자장스님을 호법보살이라고 일컬을 수 있을 것이다.[58]

(20) 그는 또 다른 사탑寺塔 10여 곳을 조성하였는데, 한 곳을 지을 때마다 온 나라가 함께 숭앙하였다. 이에 자장은 곧 "만약 내가 지은 절에 신령스러움이 있다면 기적이 나타날 것이다"라고 발원하자 문득 감응이 일어나 두건과 발우鉢盂에 사리가 나타났는데 대중들이 찬탄하고 경탄하면서 보시하니 그 쌓이는 재보가 산더미같았다. 이에 그는 곧 그들을 위하여 계를 내려주었으며, 이로써 선업善業을 행하는 사람이 드디어 널리 퍼지게 되었다.[59]

(21) 또한 그는 관습과 풍속 및 복장이 중국과 다른 점이 있다고 하면서 이를 고쳐야 한다고 하였다. 그러면서 오직 정삭正朔을 존중하려고 하였으니, 의리에 어찌 두 마음이 있었겠는가. 그리하여 이 일을 상량商量하니 온 나라가 이를 완수하여 변방의 복장을 고치고 오로지 당나라의 의전儀典에 따랐다. 그런 까닭에 해마다 여러 속국들이 모여 조공을 드릴 때에는 자리가 상번上蕃에 있게 되었다. 또한 관리를 임명하고 놀이를 하는 것도 모두 중국과 같이 하게 되었다. 이러한 사실을 근거로 헤아려 본다면, 고금을 통하여 그러한 예를 찾아 보기 어렵다고 할 것이다.[60]

---

58) 도선, 『속고승전』24, 「자장전」에서는, "藏屬斯嘉運 勇銳由來 所有衣資並充檀捨 惟事頭陀 蘭若綜業 正以靑丘佛法東漸百齡 至於住持修奉蓋闕 乃與諸宰伯祥評紀正 時王臣上下 僉議攸歸 一切佛法須有規猷 並委僧統藏令僧尼五部各增舊習 更置綱管 監察維持 半月說戒依律懺除 春冬總試令知持犯 又置巡使 遍歷諸寺誡勵說法 嚴飾佛像 營理衆業 鎭以爲常 據斯以言 護法菩薩卽斯人矣"라고 하였다.

59) 도선, 『속고승전』24, 「자장전」에서는, "又別造寺塔十有餘所 每一興建合國俱崇 藏乃發願曰 若所造有靈 希現異相 便感舍利在諸巾鉢 大衆悲慶積施如山 便爲受戒 行善遂廣"이라고 하였다.

Ⅰ. 자장의 생애 복원

위에 제시한 자료 (19)에서 "청구靑丘에 불법이 건너간 지 100년이 되었다"라고 함은 진덕여왕 3년(649)의 사실을 전한다고 볼 수 있다. 이때부터 정확하게 100년 전인 진흥왕 10년(549) 봄에 입학승入學僧 각덕覺德이 양나라 사신과 함께 불사리佛舍利를 갖고 귀국하였다. 이때 진흥왕은 백관들과 함께 흥륜사 앞길에서 이들을 환영하였던 사실이 전하고 있다.[61]

이와 같이 도선道宣은 각덕의 귀국으로 신라에 불사리가 전해진 549년을 기준으로 하면서, 자장이 교단조직을 정비하는 것이 가지는 의미를 부각시키고 있다. 또한 자장에 의한 복식개혁이 갖는 의미도 중국인의 시각에서 높게 평가하고 있음을 알 수 있다. 이처럼 자장에 의한 복식개혁은 『삼국유사』 여러 곳에서도 강조되고 있다. 그런데 『삼국사기』에서는 진덕여왕대 복식개혁을 주도한 인물로 김춘추를 지목하고 있다. 이런 이유로 김춘추세력과 자장의 불교계가 정치적으로 대립하였을 것이라는 주장도 제기되었다.[62]

이러한 측면을 전적으로 부정할 수는 없겠지만, 자장이 활동하던 당시에 김춘추와 자장은 서로 치열하게 대립하던 관계는 아니었다고 본다. 앞에서 이미 살펴보았듯이, 자장은 이간 용수와 함께 황룡사구층목탑을 건립하고 있다. 그렇다면 용수의 아들인 김춘추는 자장보다 한세대 후배였다고 볼 수 있다. 진덕여왕대에 중요한 정

---

60) 도선, 『속고승전』 24, 「자장전」에서는, "又以習俗服章中華有革 藏惟歸崇正朔義豈貳心 以事商量擧國咸遂 通改邊服一准唐儀 所以每年朝集位在上蕃 任官遊踐並同華夏 據事以量通古難例"라고 하였다.
61) 『三國史記』 권4 신라본기 4 진흥왕 10년조 및 『삼국유사』 「전후소장사리(前後所藏舍利)」조를 참고.
62) 남동신, 앞의 논문, 1992 및 이용관(李龍寬), 「선덕여왕대(善德女王代) 자장의 정치적 활동」 『영동문화』 6, 1995.

신라 자장 연구

책의 입안은 자장이 하였는데, 그것을 실제로 현실에서 실행하는 주체는 김춘추 세력이었다고 보여진다. 말하자면 자장과 김춘추 세력은 서로 치열하게 대립하였다기보다는 상호보완적인 관계였을 것으로 보는 것이 오히려 시대적 분위기와 부합된다고 볼 수 있다.[63]

도선은 자장의 전기를 649년 무렵까지 서술하였고, 『삼국유사』는 650년대까지 기록하였다. 그런데 도세는 도선의 『속고승전』의 기록을 요약하면서, 그가 영휘연간에 미질微疾이라는 잔병으로 입적하였음을 전하고 있다. 이런 사실로 볼 때, 자장은 태종무열왕 2년(655)에 경주의 황룡사에서 입적하였다고 보는 것이 순리에 맞다고 여겨진다.[64]

한편 도선의 「자장전」에서는 "자장이 여러 경전과 계율을 해석한 『소疏』 10여 권을 지었으며, 『관행법觀行法』 한 권을 세상에 내놓았는데 신라에서 유통되고 있다"라고 하였다. 이러한 사실로 볼 때, 자장은 저술활동도 하였음을 알 수 있다. 그렇다면 그의 사상경향이 어떠했을지도 밝혀볼 필요가 있다. 지금까지 살펴 보았듯이, 자장의 삶과 교학은 줄곧 계율과 연관되고 있다. 이렇게 볼 때 자장은 율사律師의 삶을 살았다고 볼 수 있다. 하지만 저자는 자장을 율사로만 국한하는데에 선뜻 동의할 수 없다. 자장은 중국 유학시에 종남산에서 만난 도선을 통해 계율과 관련된 부분도 많이 수용했겠

---

63) 김상현(金相鉉), 「자장의 정치외교적 역할」『불교문화연구』, 4, 양산(梁山) 영축불교문화연구원(靈鷲佛教文化研究院), 1995.
64) 자장보다 앞선 시기에 활동했던 원광(圓光)도 황룡사에서 99세의 나이로 입적하였다. 이렇게 본다면 원광과 자장의 불교어는 서로 유사한 점도 많았을 것으로 보인다. 원광의 불교에 대해서는 다음의 연구에서 보다 더 구체적으로 살펴보고자 한다.

지만, 법상으로부터 보살계를 받으면서 섭대승론사상도 많이 수용하였음을 알 수 있다. 그렇기에 그는 귀국한 뒤에 궁중에 들어가 『섭대승론』과 『보살계본』을 강의하기도 하였던 것이다. 이러한 부분과 관련해서 아래 자료도 새롭게 조명해 볼 필요가 있다.

> (22) 당태종대[필자주; 당문황唐文皇은 당태종을 말한다] 무렵에 신라왕이 「표表」를 올려 요청하자, 『유가론瑜伽論』 100권을 보내왔다. (비문 결략) 점점 이 땅에 (유가론이) 성행하게 되었다. 이미 원효법사가 앞에서 이끌었고 대현대통大賢大統이 이를 이어서, 이후에 등등燈燈이 전해져서 세세世世로 법사法嗣가 흥하게 되었다.[65]

위의 자료에서 말하는 『유가론』 100권은 『유가사지론』을 가리킨다. 이러한 『유가사지론』은 646년 5월 15일부터 648년 5월 15일까지 홍복사 번경원에서 영회·낭선 등의 필수를 거쳐 현장이 번역하였다. 또한 변기와 도선 및 혜립이 참여하여 이루어진 현장의 초기 역경사업에서 가장 중요한 경전도 『유가사지론』이었다.[66] 그런데 이 당시 당태종에게 『유가론』 100권을 요청하는 「표表」를 요청한 신라왕은 선덕여왕이었을 것이다. 하지만 선덕여왕으로 하여금 이러한 「표」를 올리도록 건의한 인물로는 자장 이외에 다른 승

---

65) 「금산사혜덕왕사진응탑비명(金山寺慧德王師眞應塔碑銘)」(조선총독부편, 『조선금석총람(朝鮮金石總覽)』 상〈1919〉, 아세아문화사, 1976, pp.299~300)에는, "頃自唐文皇 以新羅王表請 宣送瑜伽論一百卷 (비문결략) 漸盛于玆土 曁乎曉法師 導之于前 賢大統踵之 於後燈燈傳燄 世世嗣興"이라고 되어 있다. 여기에서는 자장이 언급되고 있지 않다. 오히려 원효(元曉)가 부각되어 있다. 이 시대에 원효가 강조된 이유는 남동신의 연구에서 충분하게 밝혀졌다(「고려 전기 금석문과 법상종(法相宗)」『불교연구』 30, 2009).
66) 남동신, 앞의 논문, 2008, pp.225~226. 이 논문은 이주형 책임편집, 『동아시아 구법승과 인도의 불교 유적-인도로 떠난 순례자들의 발자취를 따라』, (주)사회평론, 2009에 재수록되었다.

려가 찾아지지 않는다. 자장은 현장을 직접 만나지는 못했지만, 현장의 신역불교를 수용하는데 그렇게 인색하지는 않았을 것으로 보인다. 그렇기 때문에 자장의 불교는 신라하대와 고려시대를 거치면서, 『삼국유사』에 다양한 모습으로 남을 수 있었다.

지금까지 살펴본 것처럼, 자장의 생몰년을 모두 정확하게 기록한 문헌은 현재까지 없는 것으로 보인다. 다만 도선의『속고승전』「자장전」에는 설화의 형식이기는 하지만 80세설이 보이고 있다. 다음으로 도세의『법원주림』「자장전」에서는 도선의 80세설을 그대로 인용하면서도, 영휘년간(650~655)에 자장이 입적하였음을 전하고 있다. 그런데 기존 연구에서는 두 가지 설을 모두 이야기하면서도, 이러한 두 가지 입장에 선뜻 동의하지 않았다. 하지만 위의 두 가지 기록은 모두 자장이 생존해 있던 시절에 저술되었거나, 아니면 자장 입적후 가장 가까운 시기에 기록으로 남겨졌다는 점을 무시할 수 없다고 저자는 보았다. 또한 신라하대에 작성된「신라황룡사구층목탑찰주본기」의 기록도 위의 두 기록과 비교했을 때 같은 입장이라고 보았다. 이에 본고에서는 자장의 생몰년을 언급한 두 가지 주장이 모두 나름대로 타당하다고 보면서, 자장의 생애를 복원하였다. 그 결과 밝혀진 사실은 대체로 다음과 같다.

우선 자장은 576년 4월 8일에 태어난 것으로 보았다. 이렇게 볼 때, 자장이 출생한 시기는 진흥왕 37년(576)이 된다. 또한 그가 입적한 시기는 655년으로 보았다. 이 시기는 신라 중대가 시작되는 태종무열왕 2년이 된다. 이러한 이해를 바탕으로 자장의 활동과 생애를 밝혀보았다. 그러면서 기존연구에서 해결하지 못하고 있던 부분들에 대해서 나름대로 대안을 제시해보고자 하였다.

또한 이러한 이해를 바탕으로 그의 출가동기와 수행과정 및 중고왕실 및 당왕실과의 관계가 어떠하였는지도 밝혔다. 나아가 당에서 귀국한 이후 자장의 활동을 선덕여왕과 진덕여왕대로 나누어 살폈다. 이런 속에서 자장의 불교가 갖는 위치를 나름대로 설정해 보려고 하였다.

하지만 이런 입장에서 논지를 전개하다 보니, 『삼국사기』와 『삼국유사』 등의 기록에 보이는 자장 관련기록에서 서로 차이가 나는 부분들을 어떻게 이해해야 할 것인가라는 문제와 부딪히게 되었다. 본고에서는 이러한 부분까지 원만하게 해결하지는 못하였다. 다음 장에서는 미흡하나마 이러한 부분들을 해명해보고자 한다.

II
『삼국유사』에 반영된
고려 국내 유통 「자장전」의 복원

앞에서도 살펴보았듯이 신라 중고시대中古時代(514~654) 불교
계를 대표하는 승려로는 원광圓光과 자장(576~655)을 거론할 수
있다. 특히 자장은 신라 중고왕실의 석종의식釋宗意識을 성립시키
는데 직접적으로 영향을 미치고 있다.[1] 말하자면 자장은 왕실중심
으로 수용된 석가불신앙은 물론 제석천신앙 및 이와 연관된 문수신
앙을 크게 내세우면서 계율을 정립시켜 나갔던 것이다.

그런데 자장과 관련된 기록은 도선道宣(596~667)의 『속고승전』
에 실려 있는 「당신라국대승통석자장전」과 「당경사보광사석법상전
唐京師普光寺釋法常傳」 및 도세道世의 『법원주림法苑珠林』 64에 수록
된 「당사문석자장전唐沙門釋慈藏傳」뿐만 아니라 『삼국유사』의 여러
곳에서도 보이고 있음이 주목된다.

이러한 자료 가운데 『속고승전』「자장전」과 『삼국유사』「자장정
율」은 대체로 동일한 내용을 서술한 것으로 이해되어 왔다. 하지만

---

1) 김두진, 「신라 진평왕대의 석가불신앙(釋迦佛信仰)」『한국학논총』 10, 국민대학교 한
   국학연구소, 1988.

『속고승전』의 편찬시기가 앞설 뿐만 아니라 그 내용에 있어서도 『삼국유사』「자장정율」에 비해 보다 원형의 자료를 전하고 있을 것으로 보았다.[2]

이에 반해 『삼국유사』는 13세기 후반까지 변천한 고려불교사가 어느 정도 반영되어 있으며, 일연이 살았던 당시의 불교 상황을 반영하면서 편찬되었다는 점이 지적되었다. 말하자면 고려시대에 작성된 자료는 더 이상 '고대문화의 원형'일 수 없으며, 그것은 오히려 고대 문화에 대한 고려시대인들의 인식이 반영된 것으로 해석되어야 한다는 주장도 제기되었다.[3]

이에 본고에서는 먼저 『삼국유사』에서 언급하고 있는 「자장전」의 내용을 검토하고자 한다. 이를 통해 일연이 당시 고려 국내에서 유통되던 「자장전」의 내용을 중심으로 『삼국유사』에서 자장과 연관되어 있는 기록들을 정리한 부분도 있다는 점을 지적하고자 한다.

그런 다음 일연이 참고했을 것으로 생각되는, 당시 고려 국내에 유통되고 있던 「자장전」의 내용을 가능한 한 복원해보고자 한다. 이러한 작업은 『삼국유사』에서 자장과 관련된 기록이 가장 많이 등장하는 이유를 밝히는데에도 반드시 필요한 작업이라고 생각된다.

한편 자장의 생애와 관련해서는 관음신앙과 문수보살친견신앙을 주목할 필요가 있다. 자장은 천부관음의 원력으로 태어나는 것으로 되어 있다. 그런데 그의 후반기 삶은 줄곧 문수보살을 친견하려는 노력으로 일관되고 있다. 그렇다면 자장의 생애에서 관음신앙과 문수보살친견신앙은 서로 밀접하게 연관되어 있다고 해야 할 것

---

2) 신종원, 「자장의 불교사상에 대한 재검토—초기계율(初期戒律)의 의의—」『한국사연구』 39, 1982, p.4.
3) 남동신, 「『삼국유사』의 사서(史書)로서의 특성」『불교학연구』 16, 2007.

이다. 이러한 측면을 살펴보면서, 고려 국내에서 유통된 「자장전」
이 갖는 의미도 검토하고자 한다.

하지만 자장의 출생에 보이는 관음신앙과 신라 중대 화엄종에서
강조되는 관음신앙은 무언가 차이가 있어 보인다. 본고에서는 이러
한 부분까지 구체적으로 밝히지는 못하였다. 앞으로 공부를 계속해
나가면서 이러한 측면뿐만 아니라 자장과 오대산신앙이 어떤 연관
을 갖고 있는지도 밝혀볼 계획이다.

1. 『삼국유사』에 소개된 「자장전」의 내용 검토

도선道宣이 편찬한 『속고승전』에 수록된 「자장전」은 자장이 생
존해 있을 때에 쓰여졌다는 점과 함께 도선이 자장과 교류하였던
점 등을 고려해 볼 때, 자장 연구에 있어서 가장 중요한 자료로 평
가되었다.[4] 그런데 『삼국유사』「가섭불연좌석」조의 경우에도 「자
장전」이 언급되고 있다. 「가섭불연좌석」에서 언급한 「자장전」을 살
펴보면, 그 내용이 도선의 「자장전」에서 언급된 내용이 아니라는
점이 우선 주목된다. 이와 관련해서는 아래 자료가 참고된다.

(1)『옥룡집』 및 「자장전」과 또 다른 지통의 여러 전기에서는 모두 이르기
　　를, "신라 월성의 동쪽과 용궁의 남쪽에는 가섭불의 연좌석이 있다. 그

---

4) 남동신, 「자장의 불교사상과 불교치국책(佛敎治國策)」『한국사연구』 76, 1992, p.4.
　 하지만 김상현은 도선의 『속고승전』「자장전」이 자장이 생존해 있을 때 작성되었다고
　 볼 근거는 없다고 보기도 한다(「삼국유사 자장 기록의 검토」『천태종 전운덕 총무원
　 장 화갑기념 불교학논총』, 1999. p.1750).

땅은 전불시대 가람의 터이다. 지금 황룡사가 있는 곳은 일곱 가람 가운데 하나이다”라고 하였다.
『삼국사기』에 의하면, “진흥왕 즉위 14년이고 개국 3년(553)인 계유 2월에 월성 동쪽에 새로 궁궐을 지으려고 하였는데 그 땅에 황룡이 나타났다. 왕은 의아하게 생각하여 황룡사로 고쳤다”라고 되어 있다.[5]

위의 자료 (1)에 보이는 「가섭불연좌석」의 앞부분에 서술된 내용은 『옥룡집』과 「자장전」 및 또 다른 계통의 여러 전기에 전하는 사실들을 요약하고 있다. 그런 다음 『삼국사기』의 내용을 소개하였다. 여기에서 『옥룡집』은 신라하대에 활동했던 도선道詵과 연관된 저술로 보여지지만, 그 자세한 내용이 어떠한지는 알려져 있지 않다. 또 다른 계통으로 이야기되는 여러 전기의 성격이 어떠한지도 현재로서는 구체적으로 밝힐 수 없다. 이때 위의 사료에서 가장 주목되는 기록은 「자장전」이라고 볼 수 있다.[6] 그렇다면 위의 사료에서 제시한 「자장전」은 구체적으로 어떤 자료를 가리키는 것인지가 궁금하다.
그런데 자장과 관련된 기록을 가장 먼저 남긴 『속고승전』의 「자장전」에는 ‘가섭불연좌석’에 대한 언급이 전혀 나타나고 있지 않는 점이 주목된다. 그렇다면 가섭불연좌석과 관련된 내용을 언급하고 있는 위의 「자장전」은 도선이 편찬한 『속고승전』의 내용을 인용한

---

5) 『삼국유사』 탑상 제4 「가섭불연좌석(迦葉佛宴坐石)」에서는, “玉龍集及慈藏傳與諸家傳紀皆云 新羅月城東 龍宮南 有迦葉佛宴坐石 其地卽前佛時伽藍之墟也 今皇龍寺之地卽七伽藍之一也 按國史 眞興王卽位十四 開國三年癸酉二月 築新宮於月城東 有皇龍現其地 王疑之 改爲皇龍寺”라고 하였다.
6) 신라의 경우, 8세기 초에 김대문이 찬술했던 『고승전』에도 자장의 전기가 포함되었을 것으로 보인다(김상현, 위의 논문, 1999, p.1750). 하지만 그곳에 어떤 내용이 실려 있었는지를 밝히는 것은 현재 불가능하다.

것이 아님을 알 수 있다. 그렇다고 볼 때, 위의 사료에서 제시한 「자장전」은 일연이 『삼국유사』를 편찬하던 당시에 참고했던 고려 국내 유통 「자장전」이라고 보아야 할 것이다. 또한 일연이 『삼국유사』를 간행할 당시에는 『옥룡집』과 「자장전」뿐만 아니라 자장을 언급한 다양한 전기 자료가 전해지고 있었다는 사실도 알 수 있다. 그렇다면 여기에서 말하는 「자장전」은 구체적으로 어떤 기록을 가리키고 있는지를 밝혀볼 필요가 있다. 이와 관련해서는 아래 자료가 참고된다.[7]

(2)-① 석법운釋法雲은 속명俗名을 심맥종彡麥宗이라 하고 시호를 진흥眞興(540~576)이라고 하였다. (…) 14년(553)에는 월성 동쪽에 새로운 궁궐을 짓게 했는데, 황룡이 그 땅에서 나타났다. 왕은 절로 고치게 하고 황룡사라고 이름하였다. (…) 35년(574)에는 황룡사의 장육상을 주조했다. ② 「혹전或傳」에서는, "아육왕이 띄운 배가 황금을 싣고 사포에 이르자, 그것으로 주조했다"라고 하였다. 이러한 이야기는 「자장전」에 있다.[8]

위의 기록에서 (2)-①은 진흥왕대의 주요 사실들을 정리하고 있다. 그런 다음 ②에서는 「혹전或傳」을 소개하면서, 이러한 이야기가 「자장전」에 실려 있다는 사실을 밝히고 있다. 이러한 기록을 통해 볼 때, 일연은 각훈의 『해동고승전』에서 언급하고 있는 「자장전」의 내용을 보았음을 알 수 있다. 또한 이러한 「자장전」은 고려 국내에

---

7) 『해동고승전』의 원문을 해석할 때에는, 장희옥(章輝玉), 『해동고승전연구(海東高僧傳研究)』, 민족사(1991)를 참고하였다.

8) 각훈, 『해동고승전』, 「석법운전」에는, "釋法雲 俗名彡麥宗 諡曰眞興 (…) 十四年命有司築新宮於月城東 黃龍現其地 王疑之改爲佛寺 號曰黃龍 (…) 三十五年鑄黃龍寺丈六像 或傳阿育王所泛船載黃金至絲浦 輸入而鑄焉 語在慈藏傳"이라고 되어 있다.

서 유통되고 있던 자료라고 볼 수 있다. 나아가 일연은 고려 국내에서 유통되고 있던 「자장전」의 내용을 나름대로 정리하여 『삼국유사』에 언급하였을 것으로 보인다. 이와 관련된 자료를 우선 정리해 보면 아래 〈표 2-1〉과 같이 정리될 수 있다.

표 2-1 _ 573년을 전후하여 『삼국유사』에 서술되어 있는 자장 관련 기록

서기 A.D.	신라	가섭불연좌석(迦葉佛宴坐石)	황룡사장육(皇龍寺丈六)
553	진흥왕 14년	按國史 眞興王卽位十四 開國三年 癸酉二月 築新宮於月城東 有皇龍現其地 王疑之改爲皇龍寺[9]	新羅第二十四眞興王卽位十四年癸酉二月 將築紫宮於龍宮南 有黃龍現其地 乃改置爲佛寺 號黃龍寺
573	진흥왕 34년	玉龍集及慈藏傳與諸家傳紀皆云 新羅月城東 龍宮南 有迦葉佛宴坐石 其地卽前佛時伽藍之墟也 今皇龍寺之地 卽七伽藍之一也	未幾 海南有一巨舫 來泊於河曲縣之絲浦(今蔚州谷浦也) 撿看有牒文云 西竺阿育王 聚黃鐵五萬七千斤 黃金三萬分(別傳云 鐵四十萬七千斤 金一千兩 恐誤 或云三萬七千斤) 將鑄釋迦三尊像 未就 載船泛海而祝曰 願到有緣國土 成丈六尊容 幷載摸樣一佛二菩薩像 縣吏具狀上聞 勅使卜其縣之城東爽塏之地 創東竺寺 邀安其三尊
574	진흥왕 35년		輸其金鐵於京師 以大建六年甲午三月 35년(寺中記云 癸巳十月十七日) 鑄成丈六尊像 一鼓而就 重三萬五千七斤 入黃金一萬一百九十八分 二菩薩入鐵一萬二千斤 黃金一萬一百三十六分 安於皇龍寺

위의 〈표 2-1〉에 의하면, 일연은 고려 국내에 유통되고 있던 「자장전」을 근거로 『삼국유사』의 여러 항목을 정리하고 있음을 알

9) 「아도기라(阿道基羅)」조에는, "三曰龍宮南(今皇龍寺 眞興王癸酉始開)"라고 되어 있다. 또한 「황룡사구층탑(皇龍寺九層塔)」조에서는, "又按國史及寺中古記 眞興王癸酉創寺"라고 하였다.

수 있다. 그런데 위의 〈표 2-1〉에서 언급하고 있는 내용은 모두 자장이 출생하기 이전의 사실이라는 점이 주목된다. 그렇다면 위의 사실들이 「자장전」을 근거로 서술된 이유가 어디에 있었는지 궁금하다. 또한 「자장전」을 비롯한 여러 기록에 보이는 자장의 출생배경에는 신라불국토신앙 및 황룡사장육의 조성이 무언가 깊게 연관된 것처럼 기록하고 있다는 사실이 주목된다. 이러한 사실을 전체적으로 종합해볼 때, 일연 당시까지 고려국내에서 유통되고 있던 「자장전」은 자장 당시의 사실을 그대로 전하고 있다기 보다는, 자장에 대한 전승을 정리하면서 서술되었음을 알 수 있다. 말하자면 자장이 입적하고 난 뒤에, 그에 대한 재평가 작업이 이루어지는 가운데 자장 출생 이전의 사실까지도 고려 국내 유통 「자장전」에서는 서술되었다고 볼 수 있다.

2. 고려 국내 유통 「자장전(慈藏傳)」의 복원

지금까지 고려 국내에 유통되던 「자장전」이 실제로 있었다는 점을 지적하였다. 아울러 이러한 기록을 일연은 『삼국유사』의 여러 곳에서 인용하고 있음도 알 수 있었다. 지금부터는 일연 당대까지 고려 국내에 유통되고 있던 「자장전」의 내용을 가능한대로 복원해보고자 한다. 우선 아래의 자료가 참고된다.

(3) 또 말하기를, "그대 본국의 황룡사는 세존과 가섭불이 연좌宴座하여 법을 설하던 곳이다. 임지林池의 좌석座石이 지금까지도 있는데 그대는 알고 있는가. 부처님께서 설한 것과 같다. 그렇다면 마땅히 탑을 세우고 불상을 세울 인연이 있다고 말할 수 있을 것이다"라고 하였다(이

러한 내용은 원효가 펴낸 「본전本傳」에 나온다).[10]

위의 기록은 민지閔漬가 1307년에 작성한 「오대산월정사사적五
臺山月精寺事蹟 봉안사리개건사암제일조사전奉安舍利開建寺庵第一祖師
傳」에 있는 내용이다.[11] 그런데 위의 글은 앞에서 살펴보았던 「가섭
불연좌석」과 내용이 대체로 일치하고 있다. 그렇다면 이러한 부분
을 어떻게 이해해야 할 것인지가 문제된다. 위의 내용은 원효가 찬
한 본전에 있다고 한 부분을 두고, 기존의 연구에서는 사실이 아니
라고 하면서 위의 자료가 갖는 사료적 가치를 중요시하지 않았
다.[12] 위의 글을 원효가 편찬하지 않았다고 하는 입장은 옳다고 생
각된다. 그렇다고 해서 위의 사료가 갖는 의미 자체를 부정할 필요
는 없다고 생각된다.

고려시대에 자장과 관련된 「자장전」이 유통되면서, 그 저자를
원효에 가탁했을 가능성은 충분히 있다고 보여진다.[13] 그렇기 때문
에 일연은 위의 자료를 『삼국유사』에서 언급하면서도, 저자에 대한
부분은 거론하지 않았다고 생각된다.

그런데 민지閔漬가 편찬한 위의 글에서는 자장의 행적을 오대산
신앙과 연관지어 서술한 부분들이 여러 곳에서 눈에 띤다. 이러한

---

10) "又曰 卿之本國皇龍寺者 世尊與迦葉宴座說法之地 林池座石尙在 卿知之乎 如佛所說
　　則當有造塔立像之因云(上出元曉所撰本傳)"
11) 염중섭은 최근에 민지의 위의 기록을 치밀하게 검토하였다(「『오대산사적기(五臺山事
　　跡記)』「제일조사전기(第一祖師傳記)」의 수정인식 고찰–민지의 오대산불교 인식」
　　『국학연구』 18, 2011).
12) 남동신, 「자장의 불교사상과 불교치국책」『한국사연구』 76, 1992.
13) 저자는 자장이 576년에 태어나 655년에 입적한 것으로 보았다. 그렇다면 자장은 원
　　효보다 40여년 선배라고 할 수 있다. 이렇게 볼 수 있다면 원효가 자장의 전기를 찬
　　술하였을 가능성이 전혀 없는 것은 아니라고 생각된다. 다만 고려시대의 다른 기록
　　에서 원효가 자장의 전기를 찬술하였다는 사실은 보이지 않는다.

부분을 하나 더 제시해보면 아래와 같다.

> (4) 또 말하기를, "그대 본국의 명주 땅에는 또한 오대산이 있는데, 1만의
> 문수보살이 진신眞身으로 상주하는 곳이다. 그대는 본국에 돌아가거
> 든 마땅히 가서 친히 참례하십시오(이상은 『대산본기』에 나온다)"라고
> 하였다. 후일 그대를 태백산의 갈반처에서 만나고자 한다라는 말을 마
> 치고는 사라졌다. 범승梵僧은 곧 문수보살의 화신이었다. (…) "또 황
> 룡사의 호법護法은 나의 장자이다. 범왕梵王의 명을 받고 그 절에 가
> 서 지키고 있다. 그대가 본국으로 돌아간 뒤, 이 절에 가서 구층탑을
> 세운다면 나라가 태평할 곳은 여기라고 할 수 있다. (…) 원효가 펴낸
> 『기記』에 나온다"라고 하였다.[14]

위의 기록은 오대산의 『본기』와 원효가 찬한 기록을 근거로 하
였음을 밝히고 있다. 그런데 위의 기록과 비슷한 내용을 전하는 부
분이 『삼국유사』 여러 곳에서 서술되고 있다. 이처럼 자장의 행적
이 오대산 신앙과 얽히는 것처럼 서술되고 있는 기록들은 『삼국유
사』에서도 그대로 나타나고 있다. 『삼국유사』에 반영되어 있는 이
러한 부분들을 좀더 구체적으로 정리해보면 대체로 아래 〈표 2-2〉
와 같이 정리될 수 있다.

아래의 〈표 2-2〉에서 언급하고 있는 『본전』과 『사중기』 및 『산
중고전』과 『별전』에 서술되어 있는 내용은 고려 국내에서 유통되고
있던 「자장전」의 내용이 정리되었을 것으로 보인다. 또한 「자장전」
의 많은 내용은 민지閔漬가 정리했던 「오대산월정사사적五臺山月精
寺事蹟 봉안사리개건사암제일조사-전奉安舍利開建寺庵第一祖師傳」의

---

14) "又曰 卿之本國溟洲之地 亦有五臺山 一萬文殊常住眞身之所也 卿還本國 可往親參(已
上出臺山本記也) 後當見卿於太白山葛蟠之處 言訖而滅 梵僧卽文殊化身也 (…) 又曰
皇龍寺護法 是吾長子 受梵王之命 往護其寺 卿還本國 若於是寺 立九層塔 國之太平 在
於此也 (…)(出元曉所撰記)"

표 2-2 _ 『삼국유사』에 반영되어 있는 자장관련 기록

서기 A.D.	신라	황룡사구층탑	대산오만진신	자장정율
636	선덕여왕 제위 3년	新羅第二十七善德王卽位五年 貞觀十年丙申 慈藏法師西學 乃於五臺感文殊授法〈詳見本傳〉文殊又云 汝國王是天竺刹利種王 預受佛記 故別有因緣 不同東夷共工之族 然以山川崎嶮故人性麤悖 多信邪見 而時或天神降禍 然有多聞比丘 在於國中 是以君臣安泰 萬庶和平矣 言已不現 藏知是大聖變化 泣血而退 經由中國太和池邊 忽有神人出問 胡爲至此 藏答曰 求菩提故 神人禮拜 又問 汝國有何留難 藏曰我國北連靺鞨 南接倭人 麗濟二國 迭犯封陲 鄰寇縱橫 是爲民梗 神人云 今汝國以女爲王 有德而無威故鄰國謀之 宜速歸本國 藏問歸鄉將何爲利益乎 神曰皇龍寺護法龍 是吾長子 受梵王之命 來護是寺 歸本國成九層塔於寺中 鄰國降伏 九韓來貢 王祚永安矣 建塔之後 設八關會 赦罪人 則外賊不能爲害 更爲我於京畿南岸 置一精廬 共資予福予亦報之德矣 言已遂奉王而獻之 忽隱不現〈寺中記云 於終南山圓香禪師處 受建塔因由〉	按山中古傳 此山之署名眞聖住處者 始自慈藏法師 初法師欲見中國五臺山文殊眞身 以善德王代貞觀十年丙申〈唐僧傳云十二年 今從三國本史〉入唐 初至中國太和池邊石文殊處 虔祈七日 忽夢大聖授四句偈 覺而記憶 然皆梵語 罔然不解 明旦忽有一僧 將緋羅金點袈裟一領 佛鉢一具 佛頭骨一片 到于師邊 問何以無聊 師答以夢所受四句偈 梵音不解爲辭 僧譯之云（…）仍以所將袈裟等 付而囑云此是本師釋迦尊之道具也 汝善護持 又曰汝本國艮方溟州界有五臺山 一萬文殊常住在彼 汝往見之 言已不現 遍尋靈跡將欲東還 太和池龍現身請齋 供養七日 乃告云昔之傳偈老僧 是眞文殊也 亦有叮囑創寺立塔之事 具載別傳	以仁平三年丙申歲（卽貞觀十年也）受勅 與門人僧實等 十餘輩西入唐 謁淸涼山 山有曼殊大聖塑相（…）藏於像前禱祈冥感 夢像摩頂授梵偈覺而未解 及旦有異僧來釋云（已出皇龍塔篇）（…）藏知已蒙聖莂 乃下北臺抵太和池 入京師太宗勅使 慰撫安置勝光別院寵賜頗厚 藏嫌其繁

내용과 일치되는 부분도 많았을 것이라고 생각된다. 이러한 내용을 구체적으로 정리한다면, 고려 국내에서 유통되고 있던 「자장전」의 내용을 복원할 수 있을 것으로 보인다. 이에 민지閔漬의 「제일조사전(第一祖師傳)」을 정리해 보면 아래 〈표 2-3〉과 같다.

표 2-3 _ 민지(閔漬)가 편찬한 「제일조사전」의 체제

인용전거	인용 내용
〈원효소찬본전〉	(1) 祖師俗姓金氏 諱慈藏 小名善宗 新羅武林公之第二子 善德王之親族也 (2) 家世將相 代有高官 母氏夢流星入懷 因而有娠 未幾誕焉 幼而穎悟 雅信正法 弱喪雙親 盡禮居憂 於是喪期已滿 棲身高岑 以求其志 忽二梵僧 來授五戒曰 吾等爲卿授戒 來從靈鷲 言訖而失焉 乃一夢也 師旣奉持 如擎油鉢忽聞空中 聲曰 與其獨善其身 孰若普濟海人 自是出山 不問士女 均授戒法 (3) 善德王 聞師魁傑 欲拜相國 師堅志不聽 王大怒 以釰授使者曰 今若不從 斬首級來 祖師引頸授使者曰 破戒而生 不如持戒而死 略無懼色 使者 不忍加誅復于王於是 王壯其岳立之志 許焉 師時年二十五也 祖師曰 彼岸不遙 何必懷土 乃善德王卽位七年戊戌 西浮大洋 命寄刳木 心懸寶洲入於大唐 周遊寰宇 歷參知識 然後始入五臺 於北臺帝釋所立文殊像前 藉草爲座 精修一旬夢見文殊像 摩頂授梵語偈曰 鉢羅佉遮那哩 哆伽那曩伽休舍喃 哆哩盧舍那 師受偈已覺 終夜誦之 明早 忽有梵僧 來謂曰 昨夜有何事乎 師曰 文殊像授梵語偈 不解其義 甚恨之 梵僧譯之曰 了知一切法 自性無所有 如是解法性 卽見盧舍那 因謂曰 欲求佛法 無過此偈 又以緋羅金點袈裟一領 白玉鉢盂一座 珠貝金業經五貼 全身舍利百枚 佛頂骨佛指節骨等 授之曰 幷是本師釋迦信物可愼護之 又曰卿之本國皇龍師者 世尊與迦葉晏座說法之地 林池座石尙在 卿知之乎 如佛所說 則當有造塔立像之因云(上出元曉所撰本傳)
〈대산본기〉	又曰 卿之本國溟洲之地 亦有五臺山 一萬文殊常住眞身之所也 卿還本國可往親參(已上出臺山本記也)
〈원효소찬기〉	後當見卿於太白山葛蟠之處 言訖而滅 梵僧卽文殊化身也 追慕不已 乃往太和池 池邊有精舍石塔 池龍之所創也 師座塔前 有老人從地而出曰 道人求何事乎 師曰 求菩提耳 老人卽池龍也 便起作禮 問塔事云 又曰 皇龍寺護法 是吾長子 受梵王之命 往護其寺 卿還本國 若於是寺 立九層塔 國之太平 在於此也 奉獻殊玉等寶而還入[出元曉所撰記]
〈대산본전기〉	一云 是池龍出而言曰 解偈梵僧 眞文殊也 合授我供 向海上東南而往 願師亦受我七日供養 師於是 從請受供然後還國(出臺山本傳記)
〈원효소찬전〉	以貞觀十七年癸卯而還 善德王 封爲大國統 令住芬皇寺貞觀十七年 依太和池龍之言 立皇龍寺九層塔 以彼五臺梵僧所授舍利 安于塔之心柱 因住皇龍寺(云云) 後往江陵(今溟州也) 五臺山 登地爐峰 奉安佛腦及頂骨 立碑於伽羅墟(碑則隱 而不現) 以記其蹟 因創月精寺 建十三層塔 奉安舍利三十七枚於塔心(今傳優婆鞠多之舍利塔者誤也 出元曉所撰傳)

II. 『삼국유사』에 반영된 고려 국내 유통 「자장전」의 복원

| 〈대산본전기〉 | 一云 師旣還國 以梵僧所授佛衣佛鉢菩提腦骨等 入安皇龍寺 仍留其寺而供養焉 欲面見文殊 尋往溟洲五臺山到今月精寺地 假立草庵 留至三日 于時是山 陰沉不開未審其形而去 後又復來 創八尺房而住者凡七日(上出臺山本傳記) |
| 〈원효소찬본전〉
〈원효소찬기〉
〈원효소찬전〉
가운데 하나일
것으로 추측 | 後於大松下(今寒松汀是也) 一居士忽現 與師淸談良久而謂曰 昔日之約 卿識之乎 言已卽滅 師於是 自責曰居士是昔日五臺山所現梵僧化現耳 向空頂禮 卽向太白尋葛蟠處 見大蟒在大樹下 謂侍者曰 此文殊所諭之地卽受戒移蟒於山下 創院曰薩那(今淨岩寺是也) 從此院而南 去一千許步有神仙洞 又創蘭若曰上薩那 往來兩寺以待文殊 且有非僧非俗老居士 着破袈裟 荷葛簣 盛死狗 謂侍者曰 欲見慈藏和尙而來也 侍者怒其直稱師諱 以杖逐之 居士曰 告於汝師 然後去矣 侍者入告 師曰狂悖人也 何不黜之 侍者出一言而逐 居士曰 歸歟歸歟 有我相者 焉得見我 於是倒葛簣 死狗化爲獅子座 登其座放大光明 乘空而去 侍者入告 師具法服 望見其光 登空而到南嶺捨身 仍茶毘於其處 安骨于石穴焉 |

3. 『삼국유사』에서 「자장전」을 수용한 것이 갖는 의미

　지금까지 고려 국내에 유통되던 「자장전」이 있었다는 사실을 지적한 후, 그 내용을 복원하였다. 그런데 자장의 생애와 관련해서 필자가 늘 의문을 품고 있었던 것은 자장의 출생문제와 그가 구현하려고 했던 신앙과의 관련성이었다. 말하자면 자장은 천부관음千部觀音에게 기도한 원력으로 태어나고 있다. 그런데 그는 문수보살文殊菩薩을 친견親見하려는 노력을 평생의 과업으로 삼고 있다. 과연 이러한 부분을 어떻게 이해해야 할 것인지가 해명되어야 할 것이다. 지금부터는 이러한 부분을 가능한 한 해결해 보고자 한다. 이러한 문제를 제대로 밝혀보기 위해서는, 우선 자장의 출생과 관련된 기록부터 다시 살펴볼 필요가 있다. 다음의 사료가 참고된다.

(5) 대덕大德 자장慈藏은 김씨이니 본래 진한辰韓의 진골 소판蘇判 무림茂林의 아들이다. 그의 아버지는 높은 요직을 지냈으나 뒤를 이을 아들이 없었다. 이에 불교에 귀의하여 천부관음千部觀音을 조성하고 자식 하나 낳기를 바라면서 축원하기를, "만일 사내아이를 낳으면 내놓아서 불교계의 중요한 인물로 삼겠습니다"라고 하였다. 자장의 어머니가 갑자기 꿈을 꾸었는데, 별이 떨어져서 품속으로 들어왔다. 이로 인해 임신을 하고 아이를 낳았는데, 석가세존과 생일이 같은 날이었으므로 선종랑이라고 이름하였다.[15]

위의 기록을 통해 자장의 신분은 진골 출신임을 알 수 있다. 그런데 자장의 출생설화에 의하면, 자장은 천부관음千部觀音의 도움으로 태어난 것으로 되어 있다. 여기에서 천부관음의 성격을 어떻게 이해할 것인가는 자장의 출생문제와 관련해서 대단히 중요하다. 그렇다면 자장이 진흥왕 37년(576) 4월 8일에 태어나던 시기, 신라의 정치적 변동 및 당시 불교계는 어떤 상황에 놓여 있었는지를 살펴볼 필요가 있다.[16] 이와 관련된 사실들을 『삼국사기』「신라본기」의 내용을 중심으로 정리해보면 아래와 같다.

진흥왕 5년(544) 봄 2월에 흥륜사興輪寺가 완성되었다. 3월에 사람들이 출가하여 승려가 되어 불교를 받드는 것을 허락하였다.
 10년(549) 봄에 양나라에서 사신과 입학승入學僧 각덕覺德을 파견하여 부처의 사리舍利를 보내왔다. 왕이 백관으로 하여금 흥륜사 앞길에서 받

---

15) 『삼국유사』 권4 의해(義解)5 「자장정율」을 참고.
16) 이러한 부분은 아래의 연구에서 이미 검토된 바 있다.
　남무희, 「자장의 생애 복원」 『한국학논총』 32, 2009.
　남무희, 「『속고승전』 「자장전」과 『삼국유사』 「자장정율」의 원전 내용 비교」 『문학사학철학』 19, 2009.
　남무희, 「『삼국유사』에 반영된 고려 국내 유통 「자장전(慈藏傳)」의 복원과 그 의미」 『한국학논총』 34(석천 김두진교수 정년퇴임기념), 2010.

들어 맞이하게 하였다.

　14년(553) 봄 2월에 왕이 담당관청에 명하여 월성 동쪽에 새 궁궐을 짓게 하였는데, 황룡黃龍이 나타났다. 왕이 이상하게 여기고, 이에 계획을 바꾸어 절로 만들고 이름을 황룡사皇龍寺라고 하였다.

　27년(566) 2월에 기원사祇園寺와 실제사實際寺 두 절이 이루어졌다. 왕자 동륜銅輪을 왕태자로 삼았다. 황룡사가 준공되었다.

　33년(572) 3월에 왕태자 동륜이 죽었다. 겨울 10월 20일에 전쟁에서 죽은 사졸을 위하여 바깥의 절에서 팔관연회를 열어 7일만에 마쳤다.

　35년(574) 봄 정월에 황룡사의 장육상丈六像을 주조하였다.

　37년(576) 봄에 처음으로 원화源花를 받들었다. (중략) 안홍법사安弘法師가 수나라에 들어가 불법을 배우고 호승胡僧 비마라毘摩羅 등 두 명의 승려와 함께 돌아와 『능가경稜伽經』과 『승만경勝鬘經』 및 부처님의 사리를 바쳤다. 가을 8월에 왕이 죽었다.

　위의 기록에 의하면, 흥륜사興輪寺가 창건된 이후 얼마되지 않아서 황룡사皇龍寺가 창건되었다. 그런데 황룡사의 창건은 동륜銅輪이 태자가 되는 것과 연관되고 있다. 이러한 동륜계銅輪系는 석종의식釋宗意識을 성립시키려고 하였다.[17] 이 시기 불교계의 동향을 살펴볼 때, 전륜성왕轉輪聖王이나 석가불釋迦佛 관념은 신라 왕실과 연결될 수 있는 반면 귀족에게 합당한 신앙은 미륵신앙이었다.[18] 진흥왕眞興王 때에 전륜성왕에 비기어지던 신라의 왕권은, 진평왕 때가 되면 석가불로 바뀌어지는 변화를 가져온다.[19] 말하자면 진평왕은 석가의 아버지인 백정白淨과 그 이름이 같고, 그의 왕비는 석가의

---

17) 김두진, 「신라 진평왕대(眞平王代)의 석가불신앙(釋迦佛信仰)」『한국학논총』 10, 국민대학교 한국학연구소, 1988.
18) 이기백, 「신라 초기 불교와 귀족세력」『진단학보』 40, 1975;『신라사상사연구』, 일조각, 1986, p.80.
19) 김두진, 앞의 논문, p.81.

어머니인 마야부인과 그 이름이 같았다. 그리고 진평왕의 두 왕제 王弟의 이름에 보이는 백반白飯과 국반國飯이라는 명칭도 석가모니 숙부의 이름에서 따왔던 것이다. 신라의 왕족이 석가와 같은 찰제리종[Ksatriya]으로 생각되었다고 한다면, 신라의 국왕이 석가모니에 비기어질 수 있는 가능성은 더욱 커진다. 신라의 국왕을 석가모니에게까지 비기어보려는 생각은 결국 석가모니의 권위를 빌어서 왕권의 강화에 이바지하게 하려는 것으로 해석된다. 이러한 분위기 속에서 자장은 김무림이 조성한 천부관음의 원력으로 태어났다. 그렇다면 자장의 부친인 김무림이 조성한 천부관음은 흥륜사보다는 황룡사에 조성하였을 가능성이 보다 더 크다고 할 수 있다.[20] 말하자면 자장은 황룡사에 조성한 천부관음의 원력으로 태어났다고 볼 수 있다.

한편 자장의 생애에서 주목되는 또 다른 점은 그가 문수보살文殊菩薩을 친견하기 위해 끊임없이 노력하고 있다는 점이다. 이와 관련해서는 다음의 사료가 참고된다.

(6) 신라 제 27대 선덕여왕 즉위 5년인 정관貞觀 10년 병신(636)에 자장 법사가 서쪽으로 유학가서 오대산에 있는 문수보살의 수법授法을 감응하였다(자세한 것은 『본전本傳』에 나타나 있다). 문수보살이 또 말하기를, "너희 나라 왕은 천축天竺의 찰리刹利 종족의 왕인데, 이미 부처님

---

20) 『삼국유사』 권3, 탑상(塔像) 4 「황룡사장육(皇龍寺丈六)」조에 전하는 절의 기록에는, "진평왕 5년 갑진(584)에 이 절의 금당이 조성되었으며, 선덕여왕(善德女王) 때 이 절의 첫 주지는 환희(歡喜) 스님이고, 제 2대 주지는 자장(慈藏) 국통(國統), 다음은 혜훈(惠訓) 국통, 다음은 상율(廂律) 스님이다"라고 하였다. 그런데 자장은 8세를 지나는 나이에 출가하였다고 한다. 그렇다면 자장이 출가한 시기는 대체로 584년을 전후한 시기로 보여진다(남무희, 앞의 논문, 2009, p.170). 그렇다면 자장이 출가한 사찰도 황룡사였을 가능성이 높다고 할 것이다. 말하자면 자장의 생애는 대체로 황룡사와 깊은 관련을 맺고 있었다고 볼 수 있다.

61

의 수기를 받았으므로 따로 인연이 있어 동이東夷 공공共工의 종족과 는 같지 않다. (중략)"라고 하였다. 말을 마치자 보이지 않았다. 자장은 이것이 대성大聖의 변화임을 알고 슬피 울면서 물러갔다.[21]

(7) 자장법사가 중국의 태화지太和池 가를 지나는데 문득 신인神人이 나 와서 묻기를, "어떻게 여기에 왔소"라고 하니, 자장이 대답하기를, "보 리菩提를 구하려고 합니다"라고 하였다. 신인이 절하고 또 묻기를, "그 대 나라에 무슨 어려움이 있소"라고 하였다. 자장이 말하기를, "우리 나라는 북쪽으로 말갈靺鞨에 이어졌고, 남쪽으론 왜인倭人에 인접되 었고, 고구려와 백제의 두 나라가 번갈아 변경을 침범하는 등 이웃의 구적이 횡행하니 이것이 백성들의 걱정입니다"라고 하였다.[22]

(8) 신인神人이 말하기를, "지금 그대의 나라는 여자를 임금으로 삼았기 때문에 덕은 있으나 위엄이 없으므로 이웃 나라가 침략을 도모하니 빨 리 본국으로 돌아가야 하오"라고 하였다. 이에 자장이 묻기를, "고향에 돌아가면 장차 무슨 이익이 있겠습니까"라고 하였다. 신인이 말하기 를, "황룡사皇龍寺의 호법룡護法龍은 나의 맏아들이오. 범왕梵王의 명 을 받들어 이 절에 와서 보호하고 있으니, 본국에 돌아가서 절 안에 9 층탑을 이룩하면 이웃 나라는 항복하고 구한九韓이 와서 조공하여 왕 업이 길이 편안할 것이요, 탑을 세운 후 팔관회八觀會를 베풀고 죄인 을 사면하면 외적이 침해하지 못할 것이요. 다시 나를 위하여 경기京畿 남쪽 언덕에 정려精盧를 지어서 나의 복을 빌어주면 나 역시 그 은덕 을 갚겠소"라고 하였다. 말을 마치자 드디어 옥을 바치고 홀연히 형체 를 숨기고 나타나지 않았다(절 기록에는 종남산終南山 원향선사圓香 禪師에게서 탑을 세울 인유因由를 받았다고 하였다.[23]

위의 기록을 통해 볼 때, 자장은 중국 유학시에 문수보살을 여러 번에 걸쳐 친견親見하고 있음을 알 수 있다. 그런데 (8)의 마지막에 언급한 세주에서는 종남산 원향선사에게서 탑을 세울 부탁을 받았

---

21) 『삼국유사』 권3 탑상4 「황룡사구층탑」을 참고.
22) 『삼국유사』 권3 탑상4 「황룡사구층탑」을 참고.
23) 『삼국유사』 권3 탑상4 「황룡사구층탑」을 참고.

신라 자장 연구

다고 되어 있다.[24] 그렇다면 (8)의 세주에서 말한 기록이 가장 원초적인 내용이었을 것이다. 자장이 종남산의 원향선사에게 황룡사에 탑을 세울 부탁을 받았던 시기는 643년으로 볼 수 있다. 그런데 이러한 내용이 위의 기록 (6)에서는 자장이 중국으로 유학을 떠났던 636년 무렵으로 시기가 앞당겨진다.[25] 그러면서 이때 자장은 종남산이 아닌 오대산에서 문수보살 또는 신인神人을 만난 것으로 조정되고 있다. 이러한 부분을 어떻게 이해할 수 있을까도 해명되어야 할 문제 가운데 하나이다. 기록에 충실하면서 주변 정황을 살펴보면, 자장은 원래 신라로 귀국하기 직전인 643년 무렵에 종남산에서 원향선사를 만났다. 하지만 세월이 지나면서 종남산의 원향선사는 오대산의 문수보살 또는 신인으로 점차 바뀌어 나가고 있음이 주목된다. 이를 통해 자장과 관련된 내용이 시대를 내려오면서, 오대산 신앙과 깊은 관련이 있는 것처럼 윤색되는 과정을 거쳤다고 생각된다.

　한편 이러한 문수보살 친견신앙의 강조는 그가 귀국한 이후에도 계속되고 있다. 이와 관련해서는 자장의 만년을 서술하고 있는 아래의 자료가 참고된다.

---

24) 경문왕(景文王) 11년(871) 황룡사를 중창할 때에 기록한 「신라황룡사구층목탑찰주본기」에 있는 내용이다. 이러한 「찰주본기」의 기록을 일연이 직접 보았을 가능성은 거의 없다고 생각된다. 하지만 이때까지 전해지고 있던 황룡사의 「사중기(寺中記)」에는 「찰주본기」의 내용이 그대로 수록되어 있었을 것으로 추측할 수는 있다. 일연은 아마도 이 자료를 보았다고 생각된다.

25) 저자는 자장이 638년에 중국으로 유학을 떠난 것이 보다 진실에 가깝다고 생각된다. 하지만 고려시대에 들어오면서 자장이 입당한 유학 시기는 약간 조정되고 있다. 우선 『삼국사기』에서는 636년에 자장이 입당한 것으로 서술되었다. 이러한 입장은 『삼국유사』에서 그대로 수용되었다. 그렇다면 636년설과 638년설에는 어떤 역사적인 의미가 있는지도 궁금하다. 다음의 연구에서는 이러한 측면도 좀더 세밀하게 밝혀보도록 하겠다.

(9) 만년에는 서울을 하직하고 강릉군江陵郡[지금의 명주溟州이다]에 수다사水多寺를 세우고 살았다. 다시 꿈에 북대北臺에서 보았던 한 이상한 모양의 중이 나타나 말하기를,[26] "내일 대송정大松汀에서 그대를 만나겠다"라고 하였다. 자장이 놀라 일어나서 일찍 송정松汀에 가니 과연 문수보살이 감응하여 와 있었다. 이에 부처님 법의 요지를 물었더니 말하기를, "태백산 갈반지에서 다시 만나자"고 하고 드디어 자취를 숨기고 나타나지 않았다.[27]

(10) 자장이 태백산에 가서 (문수보살을) 찾다가 큰 구렁이가 나무 밑에 서리고 있는 것을 보고 시자侍者에게 말하기를, "여기가 이른바 갈반지이다"라고 하였다. 이에 석남원石南院[지금의 정암사淨岩寺이다]을 세우고 문수대성이 내려 오시기를 기다렸다.

(11) 이때 어떤 늙은 거사가 남루한 방포方袍를 입고 칡으로 만든 삼태기에 죽은 강아지를 담아 메고 와서 시자에게 말하기를, "자장을 보려고 왔다"고 하였다. 문인이 말하기를, "내가 좌우에서 시종한 이래 우리 스승님의 이름을 함부로 부르는 자를 보지 못했는데, 너는 어떤 사람이기에 이런 미친 말을 하느냐"라고 하였다. 거사가 말하기를, "다만 너의 스승에게 아뢰기만 하라"고 하였다. 시자가 드디어 들어가서 고하자 자장도 깨닫지 못하고 말하기를, "아마도 미친 사람이겠지"라고 하였다. 문인이 나가서 그를 꾸짖어 쫓으니 거사가 말하기를, "돌아가리라. 돌아가리라. 아상我相을 가진 자가 어찌 나를 볼 수 있겠는가"라고 하였다. 그리고는 삼태기를 거꾸로 들고 터니 강아지가 변해서 사자보좌獅子寶座가 되고, 그 위에 올라앉아 빛을 발하면서 가버렸다. 자장이 이 말을 듣고 그제서야 위의를 갖추고 빛을 찾아 남쪽으로

---

26) 이러한 부분은 범일의 사례와 비교될 수 있다. 범일은 중국에서 신라 승려를 만났다. 후일 범일은 귀국한 뒤에, 꿈에 나타난 고향 승려의 부탁으로 굴산사를 창건하면서 정취보살을 봉안하였다. 최근에 국립중원문화재연구소와 강릉시는 강원도 지역의 범일과 관련된 유적지인 굴산사지를 중심으로 해서 국제학술대회를 개최하였다(『고대도시 명주와 굴산사』, 강릉 굴산사지 국제학술대회, 2011). 다음의 연구에서는 범자장계 불교신앙권과 범일의 불교사상이 어떻게 연관되어 나가는지를 구체적으로 밝혀보도록 하겠다.
27) 『삼국유사』 권4 의해(義解)5 「자장정율」을 참고.

신라 자장 연구

달려 올라갔으나 이미 아득해서 따라가지 못하고 드디어 쓰러져 세상을 떠났다. 화장하여 유골을 석혈石穴 속에 모셨다.[28]

위에 제시된 (9)와 (10) 및 (11)의 기록을 통해, 자장은 신라로 귀국한 이후 최만년에는 강릉지역에 가서 문수보살을 친견하려는 신앙을 확립하기 위해 계속 노력하고 있는 것으로 기록되었다. 하지만 위의 기록들은 모두 자장 당대의 사실이 아니라는 점은 이미 지적되었다.[29] 그렇다고 해서 위의 사실을 전부 부정할 필요가 있을까라는 점에는 의문이 든다.

위의 기록을 새롭게 살펴보면, 자장은 (9)와 (10)에서 문수보살文殊菩薩을 실제로 친견親見하고 있음을 알 수 있다. 말하자면 자장은 대송정에서 문수를 만났다. 그리고 태백산 갈반지에서 문수를 기다리다가 끝내 만나지 못한 채 생을 마감한 것으로 되어 있다. 이렇게 본다면 자장은 여러 번에 걸쳐 문수보살을 친견하였지만, (11)에 이르러서는 문수보살로부터 외면당하고 있다.

이로 볼 때, 자장은 진덕여왕 말년까지는 문수보살을 친견했지만, 태종무열왕이 즉위하면서 중대가 시작되는 중대초기에 이르면서 문수보살文殊菩薩로부터 외면당하고 있는 것으로 보인다. 결국 자장의 죽음은 중고시대가 막을 내리고 중대가 시작되던 당시 정치적인 변화과정과도 깊은 연관이 있었다고 보여진다.

---

28) 『삼국유사』 권4 의해5 「자장정율」을 참고.

29) 위에서 언급하고 있는 내용이 자장 당대의 사실이 아니라는 점은 이미 선학들의 연구에 의해 밝혀졌다. 이 기록은 원인(圓仁)의 『입당구법순례행기(入唐求法巡禮行記)』(권3, 840년 7월 2일자)의 내용과 전반적인 스토리가 일치한다고 보았다(김복순, 「신라 오대산(五臺山) 사적(事蹟)의 형성」 『강원불교사연구』, 도서출판 소화, 1996, pp.18~19).

일찍이 자장은 중국 종남산에서 수행할 때, 신인神人으로부터 80여세를 살 것이라는 예언을 받았다. 하지만 신라 중고왕실이 중대왕실로 교체되는 정치정세 변동과 함께 그는 80세로 입적하였다.[30]

그렇다면 무슨 이유로 자장이 문수보살 친견신앙을 그토록 강조했느냐는 점이 밝혀져야 할 것이다. 이와 관련해서는 『문수열반경文殊涅槃經』을 주목하면서 자장의 문수신앙이 갖는 의미를 밝혀보고자 한 연구도 있었다.[31] 자장의 주요 사상으로는 계율戒律의 강조뿐만 아니라 섭론종과 열반종 사상이 주축을 이루었다고 생각된다. 그렇다면 『문수열반경』을 주목한 견해는 충분히 수긍될 수 있다. 하지만 자장이 문수보살 친견신앙을 평생의 과업으로 삼게된 배경을 밝히려면, 그의 출생설화에서부터 다시 검토해나가야 할 것이라는 생각이 든다. 이와 관련해서는 다음의 사료를 참고해 보도록 하자.

> (12) 후에 대덕 자장이 서방西方으로 유학하여 오대산에 이르렀더니, 문수보살이 현신現身으로 감응하여 비결을 주며 이에 부탁하기를, "너희 나라의 황룡사는 바로 석가불과 가섭불이 강연한 땅이므로 연좌석이 아직도 있다. 그러므로 인도의 무우왕無憂王이 황철 약간을 모아 바다에 띄웠는데, 1천 3백여년이나 지난 후에 너희 나라에 이르러 불상이 이루어지고 그 절에 모셔졌던 것이니 대개 위덕의 인연이 그렇게 시킨 것이다"라고 하였다[「별기別記」의 기록과 부합된다]. 불상이 이

---

30) 이러한 측면과 관련해서는 아래의 연구가 참고된다.
　　남무희, 「자장의 생애 복원」『한국학논총』 32, 2009.
　　남무희, 「『속고승전』 「자장전」과 『삼국유사』 「자장정율」의 원전 내용 비교」『문학사학철학』 19, 2009.
　　남무희, 「『삼국유사』에 반영된 고려 국내 유통 「자장전(慈藏傳)」의 복원과 그 의미」『한국학논총』 34(석천 김두진교수 정년퇴임기념), 2010.
31) 남동신, 「자장의 불교사상과 불교치국책」『한국사연구』 76, 1992.

루어진 후 동축사의 삼존불상도 이 절로 안치하였다.[32]

위의 기록에 의하면, 자장의 문수신앙은 황룡사와 긴밀하게 연관되어 있음을 알 수 있다. 또한 황룡사에는 인도의 아육왕이 완성하지 못하였던 불상을 동축사에 삼존석불로 조성하였다가, 다시 황룡사로 옮겼다고 한다. 그렇다면 (12)에서 언급하고 있는 「황룡사장육」 설화가 성립하게 된 배경을 살펴볼 필요가 있다.

이와 관련해서는 신라의 아육왕상계 불상과 관련된 황룡사장육상 및 그것의 조상과 관련된 중국에서의 전설이 검토되었다.[33] 이러한 연구성과에 의하면 황룡사 장육상의 건립에는 『아육왕경阿育王經』과 관련된 신앙이 배경이 되었음을 알 수 있다. 이러한 『아육왕경』 속에는 아육왕과 관음보살 및 문수보살이 조화를 이루면서 서로의 역할을 하고 있었을 것으로 짐작된다.[34] 그렇다면 자장의 출생설화에 보이는 천부관음의 존재가 이해될 수 있다. 또한 자장이 평생 동안 구현하려고 했던 문수보살 친견신앙이 신라 중고기 불교계 동향 속에서 이해될 수 있다.

자장의 일생은 신라 중고왕실이 구현하고자 했던 전륜성왕사상 및 석가불신앙과 밀접하게 연관되어 있었다. 그렇기 때문에 자장의 생애 속에 미륵과 관련되는 설화는 전혀 나타나고 있지 않다.[35] 말

---

32) 『삼국유사』 권3, 탑상4 「황룡사장육」을 참고.
33) 김리나(金理那), 「황룡사의 장육존상(丈六尊像)과 신라의 아육왕상계불상(阿育王像系佛像)」 『진단학보』 46 · 47, 1979.
　　 김리나, 「아육왕조상(阿育王造像) 전설과 돈황벽화(敦煌壁畵)」 『초우 황수영박사고희기념 미술사학논총』, 1988.
34) 현재 중국에 있는 아육왕사(阿育王寺)의 불상배치를 보면 이러한 사실을 어느 정도 유추할 수 있다. 이러한 부분은 아육왕설화를 전하는 다양한 불전기록을 검토하면서 추구될 필요가 있다. 좀더 시간을 두고 이러한 부분은 천착해 나가도록 하겠다.

하자면 천부관음의 원력으로 태어난 자장은 문수보살을 친견해야
만 하는 운명을 갖고 있었다. 그렇기에 그는 중국 유학에서부터 만
년에 이르는 동안 문수보살을 여러 번에 걸쳐서 친견할 수 있었다.
하지만 신라 중고시대가 막을 내리고 중대가 시작되면서, 자장의
역할은 점차 축소되었다. 그러한 부분이 쓸쓸하게 죽어가는 자장의
모습으로 그려지면서 설화로 남겨졌다고 생각된다.[36]

지금까지 자장이 평생의 과업으로 구현하고자 했던 문수보살 친
견신앙이 갖는 의미를 신라 중고기 불교계 동향 속에서 살펴보았
다. 자장이 구현하고자 했던 문수보살 친견신앙은 중고기에 유행했
던 불교 동향과 무관하지 않았다. 즉 진흥왕 → (태자 동륜) → 진평
왕 → 선덕여왕 → 진덕여왕으로 이어지는 동륜계 왕실의 전륜성왕
관념 형성과 석가불 신앙의 구현을 위한 노력과 자장의 일생은 무
관하지 않았음을 알 수 있다.

자장의 입적은 태종 무열왕의 즉위로부터 시작되는 중대의 개창
과도 흐름을 같이 한다고 볼 수 있다.[37] 그러므로 자장이 진심으로
구현하고자 했던 이상들이 신라 중대사회에서 적절하게 계승되었

---

35) 자장은 미륵신앙과 관련된 측면이 전혀 나타나고 있지 않다. 그런데 자장과 같은 시
대를 살았다고 보여지는 진자사(眞慈師)는 미륵을 친견하기 위해 노력하고 있다. 그
러한 노력의 결과로 진자사는 결국 미시랑을 만난 것으로 되어 있다. 이러한 진자사
설화는 화랑도와 연관되는 것으로 이해된다. 그렇다면 자장과 진자사의 활동을 서
로 비교하면서, 그들이 추구하고자 하였던 점이 무엇이었는지를 비교 검토할 필요
도 있다고 여겨진다. 다음의 연구에서는 이러한 부분을 좀더 세밀하게 검토해보도
록 하겠다.

36) 로버트 A. 존슨 지음(고혜경 옮김), 『신화로 읽는 남성성 He』(동연, 2006)에는 성배
를 찾아 나서는 파르시팔(Parsifal) 신화가 소개되어 있다. 자장이 문수를 친견하려
는 노력은 이러한 신화와도 일맥상통하는 측면이 있다고 생각된다. 다만 자장은 오
대산신앙 모두를 확립한 것은 아니었기 때문에, 마지막에 문수로부터 외면당하면서
쓸쓸하게 입적하는 것으로 서술되어야만 했었다고 생각된다.

37) 이러한 측면은 남동신의 연구에서 충분하게 밝혀졌다고 생각된다(앞의 논문, 1992).

신라 자장 연구

다고 보기는 어렵다. 그렇다고 해서, 자장의 죽음과 함께 그의 꿈과 희망이 완전히 폐기된 것은 아니었다고 보여진다. 자장이 구현하고자 했던 많은 부분들은 성덕왕과 경덕왕대를 지나면서부터 다시 부활되고 있다. 그렇기에 그는 흥륜사 금당金堂에 십성十聖으로 모셔질 수 있었다.[38]

나아가 신라하대를 지나면서부터 오대산신앙이 점차 부각되기 시작하였다. 이런 배경 속에서 평생 동안 문수보살을 친견하고자 노력하고 수행했던 자장의 삶은 새롭게 조명될 여지가 생겼다. 그러한 배경 속에서 자장불교에서 강조되었던 (신라)불국토관념이라든가, 문수신앙의 문제는 고려시대에 이르면서 새로운 입장이 가미된 고려 국내 유통 「자장전」으로 새롭게 쓰여질 수 있었다고 생각된다. 그런 속에서 자장의 전기는 계속 정리되었고, 그 내용에는 원래의 사실이 어떤 목적에 의해 또다시 윤색되어지는 부분도 있었다고 생각된다.[39]

지금까지 고려 국내에서 유통되고 있던 「자장전」의 내용이 어떤 형태로 『삼국유사』에 반영되어 있는지를 살펴보았다. 일연은 『삼국유사』에서 자장관련기록을 정리할 때, 도선이 편찬한 『속고승전』의 내용만을 참고한 것은 아니었다. 당시까지 고려국내에서 유통되고 있던 「자장전」의 내용을 함께 검트하였음을 알 수 있다.[40] 그러한

---

38) 자장은 황룡사 및 분황사와 깊은 연관을 맺고 있었다고 생각된다. 그런데 언제부터인가 자장은 흥륜사 금당의 십성(十聖)으로 모셔졌다고 한다. 본고는 자장이 흥륜사에 모셔지게 된 배경까지 검토하지는 못하였다. 다음의 연구에서는 이러한 부분도 충분히 고려해보도록 하겠다.

39) 이러한 부분은 고려시대에만 국한되는 문제는 아니라고 생각된다. 조선시대 기록에도 이러한 측면은 계속되었다고 생각된다. 앞으로의 연구에서는 자장과 관련된 내용이 시대를 내려오면서, 다양한 내용이 추가되어지는 문제가 갖는 의미를 좀더 심층적으로 분석해나가고자 한다.

자료를 토대로 해서 쓰여진 자장 관련 기록은 더 이상 '고대사의 원형'일 수 없다는 선학의 견해는 타당하다고 할 수 있다. 하지만 그 단계에만 머문다면 고대사의 복원은 더욱더 어려울 것이라고 생각된다.

시대를 지나면서 윤색의 과정을 거친 자료라고 하더라도, 세밀한 분석을 통해 원형의 모습을 복원시킬 필요도 있다고 생각된다. 자장과 오대산신앙과의 연관성은 후대의 윤색으로 보여지는 부분도 있겠지만, 그것이 성립하게 된 배경은 자장의 생애 속에서 심도 있게 검토되어야 할 필요가 있다고 생각된다. 그러한 부분을 자장의 출생과 관련된 관음신앙 및 그가 끊임없이 추구하고자 했던 문수보살 친견신앙을 분석하면서, 그곳에 어떤 의미가 있는지를 밝혀 보았다.

하지만 본고에서는 신라 중대에 광범위하게 유행했던 의상과 원효의 화엄사상과 관음신앙으로 자장의 사상경향이 제대로 계승되지 못하는 측면은 밝히지 못하였다. 이러한 부분은 앞으로 공부를 계속해나가면서 밝혀나가도록 하겠다.

---

40) 이러한 측면은 「원광서학」 및 「원효불기」를 서술하는 일연의 태도와도 비교 검토할 필요가 있다고 생각된다. 앞으로 기회가 주어진다면 이러한 부분도 심도있게 검토해볼 예정이다.

III
도선(道宣)과 일연(一然)의
자장관(慈藏觀)

　신라 중고시대 불교계 동향을 살피려고 할 때, 가장 주목되는 승려로는 원광과 자장이 거론된다. 그런데 원광과 자장의 행적을 알려주는 가장 오래된 전기 자료는 도선道宣(596~667)이 편찬한『속고승전』에 수록되어 있다. 이러한 자료를 토대로 하면서, 고려시대에는 또 다른 입장에서 원광과 자장의 전기 자료가 정리되었을 것으로 보인다. 이러한 두 계열의 전기 자료를 검토하면서 일연은『삼국유사』「의해義解」편에 「원광서학圓光西學」과 「자장정율」이라는 항목을 설정하였다.

　그렇다면 도선과 일연의 서술태도는 반드시 같았다고 볼 수는 없을 것이다.[1] 이에 본고에서는 이러한 문제를 밝혀보기 위해, 도선의『속고승전』「자장전」과 일연의『삼국유사』「자장정율」의 내용을 서로 비교 검토하면서 도선과 일연의 ‘자장관’을 아래와 같은 방법으로 분석해 보고자 한다.

　우선 일연이『삼국유사』「자장정율」을 정리할 때 도선의「자장전」에 있는 내용 가운데 생략했던 부분들을 다시 검토하면서, 그 속에 나타난 두 사람의 자장관이 어떠한가를 분석하고자 한다.

두 번째로는 도선의 「자장전」을 그대로 계승하였다고 생각되는 부분에서도, 일연이 표현을 바꾸거나 내용을 약간 수정한 부분들이 있다. 이러한 부분을 검토하면서 두 사람의 인식 차이를 제시하고자 한다.

마지막으로는 일연이 「자장정율」에 새로 추가한 부분들도 다수 있다. 이 부분을 검토하면서, 도선과 다른 입장에서 새로운 자장관을 정립하고자 했던 일연의 입장을 밝혀보고자 한다. 이러한 검토는 「자장정율」뿐만 아니라 『삼국유사』 여러 곳에서 서술되고 있는 자장과 관련된 기록을 어떻게 이해할 것인가의 문제와도 깊은 관련이 있다. 앞으로 이러한 부분들에 대해서도 보다 치밀하게 검토할 기회를 갖도록 하겠다.

1. 「자장정율」에서 생략한 『속고승전』 「자장전」의 내용

일연은 『삼국유사』 「자장정율」을 서술하면서 도선의 「자장전」을

---

1) 『속고승전』 「자장전」과 『삼국유사』 「자장정율」은 대체로 동일한 내용을 서술한 것으로 이해되고 있다. 하지만 『속고승전』의 편찬 시기가 앞설 뿐만 아니라 그 내용에 있어서도 『삼국유사』 「자장정율」에 비해 보다 원형의 자료를 전하고 있을 것으로 보았다(신종원, 「자장의 불교사상에 대한 재검토-초기계율의 의의-」 『한국사연구』 39, 1982, p.4). 이에 반해 『삼국유사』는 13세기 후반까지 변천한 고려의 불교사가 어느 정도 반영되어 있으며, 일연이 살았던 당시의 불교 상황을 반영하면서 편찬되었다. 말하자면 고려시대에 작성된 자료는 더 이상 '고대문화의 원형'일 수 없으며, 그것은 오히려 고대 문화에 대한 고려시대인들의 인식이 반영된 것으로 해석되어야 한다는 주장도 제기되었다(남동신, 「『삼국유사』의 사서(史書)로서의 특성」 『불교학연구』 16, 2007).

참고하였다. 도선은 양梁 혜교慧皎의 『고승전高僧傳』을 계승하는 『당고승전』을 찬술하였다. 이때 도선은 '호법護法'이라는 새로운 편목을 신설하면서, 「당신라국대승통석자장전唐新羅國大僧統釋慈藏傳」을 실었다. 또한 도선은 『홍명집弘明集』 14권을 지은 양梁나라 승우僧祐의 후신으로 불려지기도 하였다. 이에 도선은 호법을 특히 강조하면서 『광홍명집廣弘明集』 30권을 지을 정도로 호법을 위하여 노력한 고승을 높이 현창하였다고 한다. 그렇다면 신라 출신으로 당唐에 유학온 자장을 호법보살護法菩薩로 평가하고 있는 점은 대단한 호의라고 볼 수 있다고 할 것이다. 또한 도선도 호법을 위하여 노력한 사람으로 자장과 닮은 점이 많았다고 평가되고 있다.[2]

그런데 일연은 「자장정율」을 정리하면서, 자장의 전기를 '의해' 편에 수록하였다. 이러한 점은 도선과 다르다고 할 수 있다. 그러면서도 일부 내용은 생략하고 있다. 지금부터는 일연에 의해 생략된 부분들을 다시 검토해보고자 한다. 우선 아래 자료가 참고된다.[3]

(1) 자장의 선조는 삼한의 후손이다. 증고中古의 시대에 진한·마한·변한
  이 그 부족을 거느리고 있었는데, 각각 우두머리[괴장魁長]가 있었다.
  양梁의 『공직도』를 살펴보면, "신라를 위魏에서는 사로斯盧라고 하였
  고, 송宋에서는 신라新羅라고 하였다. 근본은 동이 진한의 나라였다"
  라고 되어 있다.[4]

---

2) 혜남(慧南) 노재성(盧在性), 「자장율사의 성애-『당전(唐傳)』과 『삼국유사』 「자장정율」
  을 비교하며-」 『중앙승가대학교 교수논문집』 10, 2003, p.13.
3) 도선의 『속고승전』에 있는 내용을 번역할 때에는 동국역경원(東國譯經院)에서 편찬한
  『한글대장경 속고승전(續高僧傳)』(이창섭 옮김, ①과 ②, 1997 및 ③, 1998)을 참고하
  였다.
4) 도선의 『속고승전』 「자장전」에서는, "其先三韓之後也 中古之時 辰韓馬韓卞韓 率其部
  屬 各有魁長 案梁貢職圖 其新羅國 魏曰斯盧 宋曰新羅 本東夷辰韓之國矣"라고 하였다.

위의 기록 (1)에서 주목되는 점은, 자장이 살던 시대를 도선은 '중고시대中古時代'로 이해하고 있다는 점이다. 그렇다면 '중고시대'라는 용어에는 어떤 의미가 담겨 있는지를 밝혀볼 필요가 있다. 우선 아래 자료가 참고된다.

> (2) 원래 지극한 도는 말로 표현할 수 없지만, 언어가 아니고서는 무엇으로써 세상을 이끌겠는가. 언어는 행동을 이끌어 주는 것이니 행동을 가까이해서 언어가 성립되기 때문이다. (중략) 그러나 저 대각大覺께서 비추면서 내려올 때, 그 교화는 서역을 뒤덮었고 그 자취는 동천東川 (필자주; 중국을 가리킴)으로 흘러왔다. (이러한 흐름이) 중고시대中古時代를 지나면서부터 더욱 더 새로워졌다고 할 것이다.[5]

위에 제시한 기록 (2)에 의하면, '중고시대'는 인도에서 성립한 불교가 중국에서 꽃을 피운 시기를 의미한다고 할 수 있다. 일연은 『삼국유사』를 편찬할 때, 이러한 도선의 역사인식을 수용하면서 신라 천년의 역사를 시기 구분하였을 것으로 보인다.[6] 이미 김부식이 편찬한 『삼국사기』의 삼시기 구분법이 있었지만, 일연은 이를 따르지 않고, '상고上古-중고中古-하고下古'라는 새로운 시기구분법을 제시하였다. 말하자면 일연은 불교가 신라에서 처음으로 공인되는 법흥왕대부터를 중고시대의 시작으로 삼았던 것이다.[7] 이러한 측면은 도선의 역사인식에서 영향을 받았을 것으로 보여진다.

---

5) 도선, 『속고승전』의 「서(序)」(대정장 50, 425 상)에서는, "原夫至道無言 非言何以範世 言惟引行 卽行而成立言 (중략) 惟夫大覺之照臨也 化敷西壤跡紹東川 踰中古而彌新"이라고 하였다.
6) 남무희, 「『속고승전』「자장전」과 『삼국유사』「자장정율」의 원전 내용 비교」『문학사학철학』19, 2009, pp.31~32.
7) 실제로 『삼국유사』 편목에 흥법편을 둔 것도 이러한 측면과 깊은 관련이 있다고 볼 수 있다.

다음으로 도선은 자장이 종남산에서 3년 동안 있으면서 겪었던 내용을 상세하게 서술하고 있다. 이와 관련된 내용은 아래와 같다.

(3)-① 자장은 3년 동안(필자주; 640~642, 자장의 나이 65~67세 무렵) 늘 이 산(필자주; 종남산)에 있다가 곧 동쪽 나라(필자주; 신라를 말함)를 섬기려고 그곳을 떠나 운제사로 내려왔다(642).[8] 그때 큰 귀신이 나타났는데 그 숫자가 헤아릴 수없이 많았다. 귀신들은 갑옷을 입고 무기를 들고 있었는데 자장에게 말하기를, "이 금가마를 가지고 자장스님을 모시러 마중나왔습니다"라고 하였다. 이때 또 다른 큰 신장이 나타나 그 귀신과 맞서 싸우면서 그들의 요청을 거부하였다. 이에 자장은 골짜기를 자욱하게 메운 고약한 냄새를 맡고 곧 선상에 자리잡고 결별을 통고하였는데, 그의 제자 한 명도 마찬가지로 귀신에게 맞아 다리가 부러져 죽었다가 되살아났다. 이에 자장은 곧 모든 옷과 재물을 희사하여 승단 대덕들에게 보시를 하였더니, 다시 두루 몸과 마음에 향기가 가득하게 풍겨 나왔다. 이때 신장神將이 자장에게 말하기를, "지금 죽지 않았으니 80여세까지 살게 될 것입니다"라고 하였다. ② 이윽고 서울로 들어가니 황제가 그 노고를 위로하면서 비단 2백필을 하사하여 의복을 만드는데 충당하라고 하였다.[9]

(4) 자장은 그 번거로움을 싫어하여 글을 올리고 종남산 운제사의 동쪽 벼랑에 들어가서 바위에 나무를 걸쳐 방을 만들고 3년(필자주; 640~642, 자장의 나이 65~67세 무렵)을 거주하였다. 이때 사람과 신들이 계를 받으면서 영험하게 감응함이 날로 많았으나 말이 번거로워

---

8) 『속고승전』을 중심으로 당나라 유학시 자장의 행적을 살피면 네 시기로 구분된다. 첫째 시기에는 장안 도착 직후로서 장안 흥화방(興化坊)의 공관사(空觀寺)에서 법상(法常; 567~645)으로부터 보살계를 받았다. 둘째 시기는 638년부터 640년 전반기까지로 당 태종의 특별한 후원을 받아가며 광덕방(光德坊)의 승광별원(勝光別院)에 머물렀다. 셋째 시기는 640년 전반기부터 642년 후반기로 종남산(終南山) 운제사(雲際寺)의 동쪽에 암자를 짓고 머물렀던 기간으로, 이때 그는 운제사에 있던 도선과 교류하였다. 넷째 시기는 642년 후반기 이후부터 귀국하기 직전까지이다(남동신, 「자장의 불교사상과 불교치국책」『한국사연구』76, 1992, pp.10~11). 이렇게 볼 때 위의 기록은 642년 후반기에 있었던 사건으로 볼 수 있다.

Ⅲ. 도선(道宣)과 일연(一然)의 자장관(慈藏觀)

실지 않는다.[10]

위에 제시한 (3)-①이 일어났던 시기는 642년 무렵으로, 자장이 67세 무렵의 나이에 종남산에서 겪었던 사건을 기록한 것이다.[11] 도선은 「자장전」을 작성하면서, 자장이 종남산에서 어떤 어려움을 겪었는지를 상세하게 서술하였다. 하지만 (4)에 보이는 것과 같이, 일연은 「자장정율」에서 이 부분을 말이 번거롭다고 하면서 생략하였다. 그렇다면 도선이 장황하게 서술한 이 부분을 일연이 생략했던 이유가 궁금하다.

이러한 이유를 밝힘으로써, 도선과 일연의 자장관에 차이가 있었다는 사실도 밝혀질 것으로 보인다. 이와 관련해서는 아래 자료가 참고된다.

(5) (당태종 정관) 16년(642)에 태종이 홍복사에 행차하여 목태후를 추복하고, 스스로 「소疏」를 지으면서 황제를 보살계제자라고 일컬었다. 사주인 도의道懿에게 말하기를, "짐은 일찍이 노자老子가 선대 조종이라

---

9) 도선, 『속고승전』 권24 「당신라국대승통석자장전」에서는, "往還三夏常在此山 將事東蕃 辭下雲際 見大鬼神其衆無數 帶甲持仗云 將此金輿迎取慈藏 復見大神與之共鬪拒不許迎 藏聞臭氣塞谷蓬勃 卽就繩床通告訣別 其一弟子又被鬼打斃死乃蘇 藏卽捨諸衣財 行僧德施 又聞香氣遍滿身心 神語藏曰 今者不死 八十餘矣 旣而入京 蒙敕慰問 賜絹二百匹 用充衣服"이라고 하였다. 이러한 도선의 「자장전」은 자장의 생존시에 쓰여졌다는 점, 도선과 자장이 교류하였다는 점 등을 고려해볼 때, 자장연구에 있어서 가장 중요한 자료로 평가된다(남동신, 앞의 논문, 1992, p.4). 이와 달리 김상현은 도선의 자장전기는 자장이 입적한 뒤에 찬술되었다고 보았다(「삼국유사 자장 기록의 검토」 『천태종 전운덕 총무원장 화갑기념 불교학논총』, 1999, p.1750).

10) 일연은 『삼국유사』 「자장정율」을 정리하면서, "藏嫌其繁 擁啓表入終南雲際寺之東崿 架嵒爲室 居三年 人神受戒 靈應日錯 辭煩不載"라고 하였다. 이러한 기록을 통해서 볼 때, 일연은 『속고승전』의 구체적인 내용을 상당 부분 생략하면서 자세한 내용을 실지 않았음을 알 수 있다.

11) 남무희, 「자장의 생애 복원」 『한국학논총』 32, 2009.

신라 자장 연구

고 하였다. 그러므로 불교보다 앞에 있도록 하였다. 경들은 유감이 없는가"라고 하였다. 대답하여 말하기를, "폐하께서 조종을 존경하면서 내린 법식인데 어찌 감히 원망함이 있겠습니까"라고 하였다. 태종이 말하기를, "부처와 노자는 높은 이나 낮은 사람 모두에게 귀감이 된다. 어찌 잠시라도 내가 치우침이 있겠는가. 짐의 조종이 노자로부터였기 때문에 노자를 우선시하는 것이다. (중략) 처음부터 도관道觀을 세웠던 것은 아니니 이와 같은 마음을 경들은 마땅히 알아야 할 것이다"라고 하였다.[12]

수隋의 혼란을 수습하면서 중국을 다시 통일한 당唐의 종교정책은 대체로 중립적인 태도를 취한 듯하지만, 도교를 불교보다 우선시하려는 측면이 강하였다. 이러한 이유로 당조에서도 도불논쟁은 계속되었다. 그러한 와중에 당태종은 자신이 세운 홍복사에서 노자를 우선으로 하는 이유를 밝히고 있다. 이에 대한 승려들의 반발도 있었다. 지실智實은 직접 궁궐에 나아가 자신의 주장을 굽히지 않았지만 받아들여지지는 않았다. 이러한 당시의 분위기에 대해 도선도 깊은 불만을 갖고 있었다고 보여진다. 도선은 자신이 품고 있던 이

---

12) 도선의 『속고승전(續高僧傳)』(365 중~하)에서는, "十六年 上幸弘福寺爲穆太后追福 自製疏稱皇帝菩薩戒弟子 謂寺主道懿曰 朕頃以老子是朕先宗故令居釋氏先 卿等能無憾乎 對曰 陛下尊祖宗降成式 詎敢有怨 上曰 佛老尊卑通人自鑑 豈一時在上卽以爲勝 朕宗自柱下 故先老子 凡有功德僉向釋門 往日所在戰場皆立佛寺 太原舊第亦以奉佛 初未嘗創立道觀 存心若此卿等應知"라고 하였다. 또한 「승선도후(僧先道後; 472 상)」에서는, "唐太宗詔 老子李姓是朕之祖 名位宜在佛先 沙門智實詣闕申理 不許 上 謂弘福寺主道懿曰 佛老尊卑通人自鑑朕宗 柱下故先老子 凡有功德僉向釋門 太原舊第 亦以奉佛 未嘗創道觀也(云云)"이라고 하였다. 하지만 당시 사문 지실(智實)은 당 태종의 도교 우선정책에 항의하다가 목숨을 잃기도 하였다. 이와 관련해서는 아래의 논문이 참고된다.
남동신, 「자장의 불교사상과 불교치국책」『한국사연구』76, 1992.
김선민, 「현장(玄奘)의 구법여행과 당대(唐代) 정치」『중국사연구』38, 2005.
강문호, 「부혁(傅奕)의 배불론(排佛論)과 당초(唐初)의 불교정책－불교의 신라 토착화 과정 이해를 위한 전제－」『신라문화』30, 2007.

러한 불만을 자장이 겪었던 일을 서술하면서 은유적으로 표현한 것이라고 생각된다. 말하자면 도선은 자장이 겪었던 일을 서술하면서, 당시 도교세력에 의한 불교 탄압의 양상을 은유적으로 비판한 것으로 보여진다.

하지만 신라와 고려시대를 지나면서 한반도에서는 치열한 도불논쟁이 일어나지 않았다. 그런 이유로 일연은 이 부분을 내용이 번거롭다고 하면서 생략하였다고 보여진다. 또한 『속고승전』「자장전」에서는 자장에게 저술이 있었다는 사실과 함께, 당의 장안에서 법상法常을 만나 섭론종 사상을 배웠다는 사실을 함께 서술하고 있다. 아래 자료가 참고된다.

(6) 자장은 여러 경전 및 계율과 관련된 『소疏』10여권을 지었으며, 『관행법觀行法』 한 권을 세상에 내놓았는데 신라에서 널리 유통되고 있다.[13]

(7) 신라 왕자인 김자장은 존귀한 자리를 가볍게 보고, 속가를 버리고 출가하였다. 멀리 법상의 소문을 듣고 경건하게 우러러보고 그 말과 명령을 직접 눈으로 볼 생각으로 마침내 산을 넘고 바다를 건너 경사京師에 이르렀다. 그는 배안에서 꿈에 법상의 얼굴모습을 보았는데, 경사에서 직접 형상을 보게 되자 완연히 꿈속에서 본 얼굴과 같았기에 슬픈 눈물을 흘리며 그 회우會遇를 기뻐하였다. 이어 그는 법상으로부터 보살계를 받고 예를 다하여 법상을 섬겼다.[14]

---

13) 『속고승전』「자장전」에서는, "撰諸經戒疏十餘卷 出觀行法一卷 盛流彼國"이라고 하였다.

14) 도선, 『속고승전』15, 「당경사보광사석법상전(唐京師普光寺釋法常傳)」(대정장 50, 541 상)에서는, "新羅王子金慈藏 輕忽貴位棄俗出家 遠聞虔仰思睹言令 遂架山航海遠造京師 乃於船中夢矚顏色 及睹形狀宛若夢中 悲涕交流欣其會遇 因從受菩薩戒 盡禮事焉"이라고 하였다. 여기에서는 자장을 신라왕자(新羅王子)라고 하였는데, 이것은 당시 소판 무림의 아들이었다고 하는 『속고승전』「자장전」의 기록과 크게 차이가 나는 것은 아니라고 본다.

신라 자장 연구

위에 제시한 (6)의 기록에는, 자장에게 여러 경전 및 계율과 관련된 『소疏』 10여 권 및 『관행법』이라는 저술이 있었음을 밝히고 있다. 하지만 이러한 사실은 「자장정율」에서 생략되었다. 자장은 어릴 때부터 백골관 또는 고골관이라고 불려지는 수행을 하였다. 그렇다면 위에 제시된 『관행법』도 이와 무관하지는 않을 것으로 보인다. 자장은 중국 유학시에 종남산에서 만난 도선을 통해 계율과 관련된 부분도 많이 받아들였겠지만, 법상으로부터 보살계를 받으면서 『섭대승론』 사상도 많이 수용하였을 것이다. 그렇기에 그는 귀국한 뒤에 궁중에 들어가 『섭대승론』을 강의하기도 하였던 것이다. 그렇다면 자장의 교학에는 계율뿐만 아니라 『섭대승론』 사상도 많은 영향을 미쳤다고 보는 것이 옳다고 생각된다. 하지만 일연은 이러한 부분을 크게 드러내고자 하지 않은 것으로 보인다. 일연은 자장의 대표적인 업적을 '정율定律'에 두고자 하였다.[15] 그렇기 때문에 자장의 저술활동 및 법상法常과의 교류 사실을 생략하였다고 생각된다. 지금까지 일연이 「자장정율」에서 생략했던 부분에 어떤 의미가 있는지를 살펴보았다. 그런 속에서 도선과 일연의 자장관에 어떤 차이가 있었는지도 제시해 보았다. 그 결과 도선은 자장의 활동을 도불논쟁이라는 측면 및 『섭대승론』 수용이라는 부분을 강조하였을 것으로 보았다. 이에 반해 일연은 도선의 불교사관을 수용하면서도, 도불논쟁 및 자장의 『섭대승론』 수용이라는 부분은 의도적으로 드러내지 않았다고 보여진다. 말하자면 도선과 자장은 서로 다른 자장관을 갖고 있었음을 알 수 있다.

---

15) 김두진, 「자장의 문수신앙(文殊信仰)과 계율」 『한국학논총』 12, 1989, p.22 및 김상현, 「삼국유사 자장 기록의 검토」 『천태종 전운덕 총무원장 화갑기념 불교학논총』, 1999, p.1751.

2. 『속고승전』을 계승한 서술에 보이는
　　일연의 자장관

　　일연은 「자장정율」을 작성할 때 도선의 「자장전」을 참고하면서도, 위에서 살펴본 것과 같이 일부 내용은 임의적으로 생략하였다. 하지만 많은 부분에서는 도선의 「자장전」을 따랐다고 할 수 있다. 그럼에도 불구하고 일연은 도선의 「자장전」에 있는 내용을 정리하면서도 도선의 「자장전」에서 언급되어 있지 않은 새로운 부분도 추가하였다. 이와 관련해서는 아래 자료가 참고된다.

(8) 대덕 자장은 김씨이다. 근본은 진한의 진골 소판(세번째 급의 관직 이름이다) 무림茂林의 아들이다. 그의 아버지는 높은 요직을 지냈으나 뒤를 계승할 아들이 없었다. 이에 삼보에 귀의하면서 천부관음을 조성하고 자식 하나만이라도 낳기를 기원하였다. 축원하여 말하기를, "만약 남자를 낳는다면 내놓아서 법해法海의 중요한 인물로 삼겠습니다"라고 하였다. 어머니가 홀연히 별이 떨어져 품 안으로 들어오는 꿈을 꾸면서 임신을 하였다. 태어난 날이 석가세존과 같은 날이었으므로 선종랑이라고 이름하였다.[16]

(9) 자장의 아버지는 이름이 무림武林으로 관직이 소판이(본래 왕족이니 당의 일품에 비견된다)까지 이르렀다. 그가 높은 벼슬을 받게 되자 나라의 계획과 의논이 그에게 귀속되었다. 그러나 뒤를 이을 자손이 없었으므로 늘 깊은 근심에 잠겨 있었다. 평소 불교의 진리를 우러러 보면서 부처님의 가호를 구하여 널리 스님들을 초청하고 크게 재물을 희사하면서 마음으로 불법에 기원을 하였다. 아울러 천부관음千部觀音을 조성하고 자식 하나만이라도 낳기를 희구하였다. 그리고 훗날 이 아이

---

16) 『삼국유사』「자장정율」에서는, "大德慈藏 本辰韓眞骨蘇判(三級爵名) 茂林之子 其父 歷官淸要 絶無後胤 乃歸心三寶 造于千部觀音 希生一息 祝曰 若生男子 捨作法海津梁 母忽夢星墜入懷 因有娠 及誕 與釋尊同日 名善宗郎"이라고 되어 있다.

신라 자장 연구

가 성장하면 불도의 마음으로 모든 중생들을 제도하겠다고 발원하였
다. 그후 눈에 보이지 않는 상서가 뚜렷하게 감응하여 별이 떨어져 품
안으로 들어오는 꿈을 꾸고는 임신하게 되었는데, 4월 8일에 태어났
다. 이는 좋은 날이라고 도속들이 경하하면서 보기 드문 상서로운 일이
라고 하였다.[17]

위의 자료를 통해서도 알 수 있듯이, 『속고승전』에 보이는 '무림
武林'을 「자장정율」에서는 '무림茂林'으로 표기하였다. 이는 고려
혜종의 이름인 '무武'를 피휘한 것이라고 한다.[18] 또한 『속고승전』
에 '소판이蘇判異 이본왕족비당일품以本王族比唐一品'이라고 되어 있
는 부분을 「자장정율」에서는 '진골소판眞骨蘇判 삼급작명三級爵名'
이라고 고쳤다. 이로 볼 때 일연은 자장의 신분을 진골眞骨로 보았
음을 알 수 있다. 나아가 일연은 자장의 이름이 '선종랑善宗郎'이라
는 사실도 밝히고 있다. 이 부분은 『속고승전』에 근거하지 않고, 국
내에 전해지고 있던 기록인 「황룡사찰주본기」 또는 『사중기寺中記』

---

17) 『속고승전』 「자장전」에서는, "藏父名武杯 官至蘇判異(以本王族比唐一品) 旣嚮高位
   籌議攸歸 而絶無後嗣 幽憂每積 素仰佛理乃求加護 廣請大捨祈心佛法 幷造千部觀音
   希生一息 後若成長 願發道心 度諸生類 冥祥顯應 夢星墜入懷 因卽有娠 以四月八日誕
   載良晨 道俗銜慶 希有瑞也"라고 하였다.
   최근 용문석굴에 자장이 조성한 조상기와 명문이 있다는 사실을 언급한 연구가 있
   다. 하지만 이 석굴을 신라 출신 승려인 자장이 조성하였는지는 현재 명확하게 밝혀
   진 것은 아니다. 이에 본고에서는 이러한 연구 성과에 대해서 일단 유보적 입장을 취
   하고자 한다. 한편 찬녕(贊寧)이 편찬한 『송고승전』 권제 14에 실려 있는 「당경조서
   명사도선전(唐京兆西明寺道宣傳)」에 의하면, 도선도 4월 8일에 태어난 것으로 되어
   있다. 이외에도 두 기록을 비교해보면, 도선과 자장의 행적에는 비슷한 점이 많았음
   을 알 수 있다. 도선의 활동 상황을 살피는 데에는 안중철(安重喆)의 논문을 참고하
   였다(「당 도선의 저술과 수도(修道)」 『한국불교학』 15, 1990).
18) 고려 혜종(惠宗)의 이름인 '무(武)'를 피휘한 것으로 이해하였다(강인구·김두진·
   김상현·장충식·황패강, 『역주 삼국유사』 I~V, 이회문화사, 한국정신문화연구
   원, 2002~2003을 참고).

Ⅲ. 도선(道宣)과 일연(一然)의 자장관(慈藏觀)

의 내용을 일연이 참고했음을 알 수 있다.[19]

다음으로 자장이 당에서 신라로 귀국하기 직전의 상황을 서술한 부분에서도 약간의 차이가 보인다. 아래의 자료가 참고된다.

> (10) 정관貞觀 17년 계묘(643)에 본국의 선덕여왕善德女王이「표表」를 올려 환국을 요청하니, (당태종은) 조서를 내려 허락하면서 (자장을) 궁중으로 불러 들여 비단 1령과 채색 비단 5백단을 하사하였다. 태자도 200단을 내려주고 그밖에도 예물로 준 물건이 많았다. 자장은 본국에 아직 불경과 불상이 구비되지 못했으므로『대장경』일부와 여러 가지 번당幡幢과 화개花蓋 등에 이르기까지 복리가 될만한 것을 청해서 모두 싣고 돌아왔다.[20]
>
> (11) 정관 17년에 본국에서 돌아오기를 요청하니, (당태종에게) 계啓를 올려 허락을 받았다. 황제는 자장을 인도하여 궁중으로 들어가 납의衲衣 한 벌과 갖가지 채색비단 500단을 하사하였고, 황태자(필자주; 후일 고종)는 2백단을 하사하였다. 이어 황제는 홍복사에서 나라를 위하여 대재大齋를 마련하고 대덕大德의 법회를 열었으며, 아울러 여덟 사람에게 도첩度牒을 내려주었다. 또 태상太常에게 명령하여 구부九部에서 공양을 드리게 하였다. 이때 자장은 본국에 불경과 불상이 조락하여 완전하지 못하다고 하여 마침내 대장경 한 부와 여러 미묘한 불상과 번개 등을 얻었는데, 모두 복리가 될만한 것들이었으며 이것들을 갖고 본국으로 돌아왔다.[21]

---

19) 경문왕(景文王) 11년(871) 황룡사를 중창할 때에 기록한「신라황룡사구층목탑찰주본기」에는, "옛날에 선종랑이 있었는데 진골귀인이었다. 어려서 살생을 좋아하여 매를 놓아 꿩을 잡았는데, 그 꿩이 눈물을 흘리면서 울고 있었다. 이러한 모습에 마음이 감동되어 출가하여 부처님의 도를 닦고자 하였다; 昔有善宗郞 眞骨貴人也 少好殺生 放鷹摯雉 雉出淚而泣 感此發心 請出家入道"라고 되어 있다. 일연이 이 기록을 직접 보았을 가능성은 없어 보인다. 하지만 당시까지 전해지고 있던『사중기(寺中記)』의 내용은 보았음을 알 수 있다.

20)『삼국유사』「자장정율」에서는, "貞觀十七年癸卯 本國善德王 上表乞還 詔許引入宮 賜絹一領 雜綵五百端 東宮亦賜二百端 又多禮䞋 藏以本朝經像未充 乞齎藏經一部 洎 諸幡幢花蓋 堪爲福利者皆載之"라고 하였다.

신라 자장 연구

위에 제시한 (10)과 (11)의 기톡은 내용에서 커다란 차이는 보이지 않는다. 하지만 (10)에서는 본국의 선덕여왕이 자장의 귀국을 요청하는 「표表」를 올렸다는 점이 추가되었다. 또한 (11)에서는 '잉어홍복사仍於弘福寺 위국설대재爲國設大齋 대덕법집大德法集 병도팔인幷度八人 우칙태상又敕太常 구부공양九部供養'이라고 하면서 자장이 당황실로부터 극진한 대접을 받았다고 서술한 부분을 (10)에서는 '우다례황又多禮貺'이라고 하면서 간략하게 서술하였다. 이 부분에서도 중국의 도선은 도불논쟁이 심화되는 속에서 자장의 활동을 부각시키면서, 불교의 우월함을 강조하고 싶었던 것으로 보인다. 하지만 일연은 이러한 측면에 대해서는 큰 관심을 보이지 않았다고 보여진다.

신라로 귀국한 이후 자장의 활등상을 서술하는 부분에서도 도선과 일연의 서술태도는 약간의 차이를 보이고 있다. 아래 자료가 참고된다.

(12) 조정에서 의논하여 말하기를, "불교가 우리 동방에 전해져서 비록 오랜 세월이 지났지만 그 주지를 받드는 규범이 없으니 법규로써 다스리지 않고는 바로잡을 수가 없다"라고 하였다. 이에 칙명으로 자장을 대국통으로 삼아 승니의 모든 규범을 승통에게 위임하여 주관하도록 하였다.[22]

(13) 자장은 이처럼 아름다운 운수를 맞게 되자 이로 말미암아 더욱 용기를 얻어 갖고 있던 옷과 자산을 모두 보시에 충당하고 오직 두타행頭

---

21) 『속고승전』「자장전」에서는, "貞觀十七年 本國請還 啓勅蒙許 引藏入宮 賜納一領 雜綵五百段 東宮賜二百段 仍於弘福寺 爲國設大齋 大德法集 幷度八人 又敕太常 九部供養 藏以本朝經像彫落未全 遂得藏經一部 幷諸妙像幡花 蓋具堪爲福利者 齋還本國"이라고 하였다.

22) 『삼국유사』「자장정율」에서는, "朝廷議曰 佛敎東漸 雖百千齡 其於住持修奉 軌儀闕如也 非夫綱理 無以肅淸 啓勅藏爲大國統 凡僧尼一切規猷 總委僧統主之"라고 하였다.

陀行에 종사하고 난야행蘭若行으로 업을 삼았다. 바로 이때는 청구靑
丘에 불법이 건너온 지 백년이 되었지만, 불법을 주지하는 데에 이르
러서는 두루 갖추어졌다고 하기에 모자라는 점이 있었으므로 마침내
여러 재상들과 상세하게 기율을 바로잡을 것을 평론하게 되었다. 이
때 진덕여왕과 신하들이 논의하여 규칙과 계획할 일이 있으면 모두
승통僧統인 자장에게 위임하기로 결정을 내렸다.[23]

위의 (13)에서 "바로 청구靑丘에 불법이 건너간 지 100년이 되었
다"라고 함은 진덕여왕 3년(649)의 사실로 보인다. 이때부터 정확
하게 100년 전인 진흥왕 10년(549) 봄에 입학승入學僧 각덕覺德이
양나라 사신과 함께 불사리佛舍利를 갖고 귀국하였다.[24] 도선은 각
덕의 귀국으로 신라에 불사리가 전해진 549년을 기준으로 하면서,
자장의 귀국 이후 활동이 갖는 의미를 부각시키고자 한 것으로 보
인다.

하지만 일연은 (12)와 같이 조정의 논의를 소개하면서, '불교동
점佛敎東漸 수백천령雖百千齡'이라고 하였다. 이렇게 표현함으로써,
이러한 논의가 언제 있었는지를 정확하게 알지 못하도록 하였다.
도선은 중국 불교의 영향 속에서 자장의 귀국이 갖는 의미를 부각
시키고자 하였다면, 일연은 귀국 이후 자장이 신라 국내에서 어떤
활동을 하였는지를 부각시키는데 보다 더 큰 의미를 부여하고자 한
것으로 보인다. 그런 이유로 일연은 도선의 서술을 수용하면서도
내용을 약간 고쳤을 것으로 보인다.

---

23) 『속고승전』 「자장전」에서는, "藏屬斯嘉運 勇銳由來 所有衣資 並充檀捨 惟事頭陀 蘭
　　若綜業 正以靑丘佛法 東漸百齡 至於住持修奉蓋闕 乃與諸宰伯 祥評紀正 時王臣上下
　　僉議攸歸 一切佛法 須有規猷 並委僧統藏令"이라고 하였다.
24) 『삼국사기』 권4 신라본기 4 진흥왕 10년조 및 『삼국유사』 「전후소장사리」조를 참고.

지금까지 도선의 「자장전」을 계승한 일연의 「자장정율」에 보이
는 미세한 차이점을 비교 검토하였다. 그러면서 도선과 일연의 자
장관에 보이는 서로 다른 점을 드러내고자 하였다. 이러한 부분은
도선과 일연의 자장에 대한 평가에서도 약간의 차이를 보이고 있
다. 아래의 자료가 참고된다.

> (14) 또 순사를 보내 외사外寺를 돌아다니면서 검열하여 승려들의 과실을
> 징계하고 불경과 불상을 엄격하게 꾸밀 것을 정해진 법식으로 삼았
> 다. 한 시대에 불법을 보호하는 것이 이때 가장 성하였다. 마치 공자
> 가 위衛나라에서 노魯나라로 돌아와 음악을 바로 잡으니 아雅와 송頌
> 이 각각 그 마땅함을 얻음과 같았다. 이러한 때를 당하여 나라 안 사
> 람으로서 계를 받고 불법을 받드는 이가 열 집에 여덟 아홉은 되었
> 다.[25]
>
> (15) 또 순사巡使를 두어 두루 여러 절을 돌아다니며 훈계하고 격려하면서
> 설법하였다. 불상을 장엄하게 장식하고 대중의 업을 경영하며 다스리
> 게 하는 이러한 제도를 고정시켜 변치 않는 제도로 삼았다. 이에 근거
> 하여 말한다면 바로 이 자장스님을 호법보살이라고 일컬을 수 있을
> 것이다.[26]

위에 제시된 자료 (15)에서 도선은 자장이 바로 호법보살護法菩
薩이라고 추앙하였다. 이에 반해 (14)에서는 신라의 일대호법은 자
장으로부터 성하였다고 보았다. 그러면서 자장의 활동은, 마치 공
자가 위魏나라로부터 노魯나라로 되돌아오자, 악樂이 바로잡혀 아雅

---

25) 『삼국유사』 「자장정율」에서는, "又遣巡使 歷檢外寺 誡礪僧失 嚴飾經像爲恒式 一代
護法 於斯盛矣 如夫子自衛返魯 樂正雅頌 各得其宜 當此之際 國中之人 受戒奉佛 十
室八九"라고 하였다.
26) 『속고승전』 「자장전」에서는, "又置巡使 遍歷諸寺 誡勵說法 嚴飾佛像 營理衆業 鎭以
爲常 據斯以言 護法菩薩 卽斯人矣"라고 하였다.

와 송頌이 제대로 된 것과 같다고 하였다. 이 부분에서도 도선은 호법보살로서의 자장의 위치를 강조하였다. 하지만 일연은 공자가 위나라에서 노나라로 돌아온 것과 같다는 비유를 들고 있다. 이로 볼 때 일연은 자장이 중국에 머무르지 않고, 신라로 귀국해서 많은 활동을 한 것 가운데에서도 특히 '수계봉불受戒奉佛'에 기여한 자장의 활동에 더 큰 의미를 두었다고 볼 수 있다.

3. 「자장정율」에 새로 추가된 일연의 자장관(慈藏觀)

지금까지 일연이 「자장정율」을 작성하면서 도선의 「자장전」을 어떻게 받아들였는지를 검토하였다. 그러면서 도선과 일연의 자장관에 차이가 있다는 사실을 지적해 보고자 하였다. 그런데 일연은 도선의 「자장전」에 실려 있지 않은 내용을 새롭게 추가하기도 하였다. 이러한 부분은 신라 하대를 지나면서 고려 국내에 유통되고 있던 자장 관련 기록을 참고하면서 일연이 보완한 내용이라고 할 수 있다. 지금부터는 이러한 부분들을 중심으로 해서 일연에 의해 정리된 자장의 활동이 어떠하였는지를 살펴보도록 하겠다. 우선 아래 자료가 참고된다.

(16)-① 인평仁平 3년 병신丙申(곧 정관貞觀 10년이다; 636)에 칙명을 받들고 문인인 승실僧實 등 10 여명과 함께 서쪽으로 당나라에 들어갔다. ② 청량산에는 만수대성의 소상이 있었는데, 그 나라 사람들이 서로 전해 말하기를, "제석천帝釋天이 장인을 데리고 와서 조각한 것이다"라고 하였다. 자장은 소상 앞에서 기도하고 은밀하게 감응하

신라 자장 연구

니, 꿈에 소상이 이마를 만지면서 범어로 된 게를 주었는데, 깨어보
니 해석할 수가 없었다. 이튿날 아침에 이상한 중이 와서 해석해주고
(이미 「황룡사」편에 나와 있다), 또 말하기를, "비록 만 가지 가르침
을 배운다고 해도 이 게보다 더 나은 것은 없습니다"라고 하고는 다
시 가사와 사리 등을 주고는 사라졌다(자장은 처음에 이것을 숨겼기
때문에 『당승전』에는 기록되지 않았다). 자장은 이미 성별을 받은 것
을 알고, 북대에서 내려와 태화지에 이르러 당나라 서울로 들어갔
다.[27]

(17) 만년에는 서울을 하직하고 강릉군江陵郡(지금의 명주溟州이다)에 수
다사水多寺를 세우고 살았다. 다시 꿈에 북대北臺에서 보았던 한 이
상한 모양의 중이 나타나 고하기를, "내일 대송정大松汀에서 그대를
만나겠다"라고 하였다. 자장이 놀라 일어나서 일찍 송정松汀에 가니
과연 문수보살이 감응하여 와 있었다. 이에 불법佛法의 요지를 물었
더니 말하기를, "태백산 갈반지에서 다시 만나자"고 하고 드디어 자
취를 숨기고 나타나지 않았다. 자장이 태백산에 가서 찾다가 큰 구렁
이가 나무 밑에 서리고 있는 것을 보고 시자에게 말하기를, "여기가
이른바 갈반지이다"라고 하였다. 이에 석남원石南院(지금의 정암사淨
岩寺이다)을 세우고 문수대성이 내려 오시기를 기다렸다. (중략) 자장
이 이 말을 듣고 그제야 위의를 갖추고 빛을 찾아 남쪽으로 달려 올라
갔으나 이미 아득해서 따라가지 못하고 드디어 쓰러져 세상을 떠났
다. 화장하여 유골을 석혈石穴 속에 모셨다.[28]

---

27) 『삼국유사』「자장정율」에서는, "① 以仁平三年丙申歲(卽貞觀十年也)受勅 與門人僧
　　實等 十餘輩 西入唐 ② 謁淸涼山 山有曼殊大聖塑相 彼國相傳云 帝釋天將工來彫也
　　藏於像前禱祈冥感 夢像摩頂授梵偈 覺而未解 及旦有異僧來釋云(已出皇龍塔篇) 又曰
　　雖學萬敎 未有過此 又以袈裟舍利等付之而滅(藏公初匿之 故唐僧傳不載) 藏知已蒙聖
　　蒾 乃下北臺 抵太和池 入京師"라고 하였다.
28) 『삼국유사』「자장정율」에서는, "暮年謝辭京輦 於江陵郡(今溟州也) 創水多寺居焉 復
　　夢異僧 狀北臺所見 來告曰 明日見汝於大松汀 驚悸而起 早行至松汀 果感文殊來格 諮
　　詢法要 乃曰 重期於太伯葛蟠地 遂隱不現(松汀至今不生荊刺 亦不棲鷹鸇之類云) 藏往
　　太伯山尋之 見巨蟒蟠結樹下 謂侍者曰 此所謂葛蟠地 乃創石南院(今淨岩寺) 以候聖降
　　(중략) 藏聞之 方具威儀 尋光而趨登南嶺 已杳然不及 遂殞身而卒 茶毘安骨 於石穴
　　中"이라고 하였다.

(18) 정관 12년(638)에 문인인 승실僧實 등 10여 명을 거느리고 동쪽 나라
　　　를 떠나 당의 서울에 이르렀다. 그곳에서 황제의 위무를 받고 승광사
　　　勝光寺 별원別院에 거처하면서 후한 예우와 남다른 공양을 받았다.
　　　그곳에 인물이 많이 모여들고 재물이 쌓이게 되자 곧 밖에서 도둑이
　　　들어왔다. 그런데 도둑이 물건을 가져가려 할 때 마음이 떨리고 자기
　　　도 모르게 놀라 돌아와서 잘못을 시인하였다. 이에 그는 곧 그들에게
　　　계를 내려 주었다. 또 태어나면서부터 앞을 못보던 사람이 있었는데
　　　자장을 찾아가 참회를 한 후 돌아가 눈을 뜰 수 있었다. 이러한 상서
　　　로운 감응으로 말미암아 그로부터 계를 받는 사람이 하루에도 수천명
　　　을 헤아리게 되었다.[29]

　　위의 자료 (18)에 의하면, 자장이 중국에 유학한 시기는 선덕여
왕 7년(638)이 된다.[30] 그런데 일연은 『삼국사기』 「신라본기」의 기
록을 따르면서, 자장이 입당한 시기를 636년으로 보았다.[31] 그러면
서 이때 자장이 오대산에도 들렀던 것처럼 서술하였다. 이러한 부
분은 자장의 만년 모습을 서술하고 있는 (17)의 기록과도 연관되고
있다. 그렇다면 도선의 「자장전」에 없는 내용들이 「자장정율」에 삽
입된 이유는 무엇일까. 아마도 신라말을 지나면서 어느 시기엔가

---

29) 『속고승전』 「자장전」에서는, "以貞觀十二年 將領門人僧實等十有餘人 東辭至京 蒙勑
　　慰撫 勝光別院 厚禮殊供 人物繁擁 財事旣積 便來外盜 賊者將取 心戰自驚 返來露過
　　便授其戒 有患生盲 詣藏陳懺 後還得眼 由斯祥應 從受戒者 日有千計 性樂栖靜"이라
　　고 하였다.
30) 「신라황룡사구층목탑찰주본기」에도, "대왕의 즉위 7년이고 대당의 정관 12년(638)
　　이며 우리나라의 인평 5년인 무술년에 우리나라 사신인 신통을 따라서 서국(西國;
　　중국을 말함)으로 들어갔다; 大王卽位七年 大唐貞觀十二年 我國仁平五年戊戌歲 隨
　　我使神通入於西國"이라고 하였다.
31) 자장의 입당시기는 636년설과 638년설로 나뉘어 있다. 염중섭은 이러한 두 가지 주
　　장이 나오게 된 배경을 나름대로 검토하였다(「『오대산사적기(五臺山事跡記)』 「제일
　　조사전기(第一祖師傳記)」의 수정인식 고찰-민지의 오대산불교 인식」 『국학연구』
　　18, 2011).

신라 자장 연구

자장과 오대산 신앙을 서로 연관시켜 보려는 분위기가 있었다고 보여진다. 그러한 분위기를 반영한 내용이 (17)로 추가되었다고 보여진다.[32]

이외에도 일연의 「자장정율」에는 『속고승전』 「자장전」에 없는 새로운 내용들이 추가된 부분들이 많이 눈에 띈다. 이러한 부분들은 기존 연구에서 자장의 화엄사상과 연관시키면서 연구되어 왔다. 하지만 이러한 기록들이 모두 자장 당시의 사실을 전한다고만 보기는 어렵다. 세월이 지나면서 어느 시기엔가 새로운 내용들이 추가되었다고 보아야 할 것이다. 말하자면 일연이 새로 추가한 내용들은 신라 하대 및 고려시대 불교계의 흐름이 반영된 것으로 볼 수 있다.

지금까지 도선의 『속고승전』에 전하는 「자장전」과 일연의 『삼국유사』 「자장정율」에 수록된 자장관련 내용을 서로 비교하면서, 도선과 일연의 자장에 대한 인식에 어떤 차이가 있는지를 검토해 보았다. 그 결과 도선과 일연의 자장관에는 유사한 점도 있지만 뚜렷하게 구분되는 부분도 있다는 사실을 밝힐 수 있었다.

한편 도선이 살던 시대와 일연이 활동하던 시대가 직면하고 있던 문제의식도 달랐다고 할 수 있다. 도선은 점차 치열해지는 도불논쟁 속에서 불교의 우월성을 강조하려는 의지가 강했다고 볼 수 있다. 그렇기 때문에 도선은 자신의 저서에 '호법護法'이라는 편목을 새로 추가하였다고 볼 수 있다. 이에 반해 몽고의 압제를 받고

---

32) (17)에서는 자장이 만년에 강릉지역에서 문수보살을 친견하고자 노력하다가 입적한 사실을 부각시키고 있다. 이러한 부분은 자장 당대의 사실이 아니라는 점은 이미 선학들의 연구에 의해 밝혀졌다. 이 기록은 원인(圓仁)의 『입당구법순례행기(入唐求法巡禮行記)』(권3, 840년 7월 2일자)의 내용과 전반적인 스토리가 일치한다는 점이 지적되었다(김복순, 「신라 오대산 사적(事蹟)의 형성」 『강원불교사연구』, 도서출판 소화, 1996, pp.18~19).

있던 당시 상황에서, 일연은 고려의 불교문화가 갖는 우월성을 나름대로 드러내고자 하였을 것이다. 그렇기 때문에, 『삼국유사』에서 따로 '호법'이라는 편목은 마련되지 않았던 것으로 보인다. 일연은 도선과 달리, '의해편'에 자장의 기록을 '자장정율'이라는 제목으로 정리하였다. 이처럼 서로 당면하고 있던 그 시대의 해결과제가 달랐기 때문에, 자장에 대한 인식에서도 도선과 일연은 서로 차이를 보였다고 생각된다.

그런데 『삼국유사』 「자장정율」에서는 이전 자료에서 언급하지 않았던 내용들이 은근 슬쩍 삽입되고 있다. (16)과 (17)의 자료는 도선과 도세의 기록에서 언급되지 않은 부분인데, 『삼국유사』에서 추가되고 있다. 특히 (16)의 기록은 『삼국사기』에서 자장이 입당한 연대를 636년으로 본 것을 따르면서, 자장이 장안에 가기 전에 3년 정도 오대산을 순례한 것으로 기록하였다. 그러면서 일연은 자장이 이러한 사실을 숨겼기 때문에 도선의 『속고승전』에 실리지 않았을 것이라고 보고 있다. 이것은 일연이 자장과 관련된 기록을 정리하면서, 고려 국내에 유통되고 있던 자장과 관련된 기록을 최대한 존중하려는 입장에 있었음을 알려준다고 할 수 있다.

한편 (17)에서는 자장의 만년을 서술하면서, 자장이 만년에 강릉 지역에서 문수보살을 친견하고자 노력하다가 입적한 사실을 부각시키고 있다. 이러한 부분은 자장 당대의 일이 아니라는 점은 이미 선학들의 연구에 의해 밝혀졌다. 특히 (17)의 기록은 원인圓仁의 『입당구법순례행기入唐求法巡禮行記』(권3, 840년 7월 2일자)의 내용과 전반적인 스토리가 일치한다.[33]

---

33) 김복순, 「신라 오대산 사적(事蹟)의 형성」『강원불교사연구』, 도서출판 소화, 1996, pp.18~19.

　　도선은 『속고승전』을 저술하면서, 당시 살아 있던 자장의 일대기를 649년대까지 서술하고 있다. 원래 도선道宣이 『속고승전續高僧傳』의 초고를 완성한 것은 645년이었다. 바로 이해 정초에 현장玄奘이 열광적인 환영을 받으며 인도에서 중국의 장안長安으로 귀환하였다. 도선은 그 직후 왕명으로 개설된 현장의 홍복사弘福寺 역장譯場에 참가하여 활동하면서, 살아있는 현장의 전기를 『속고승전』에 새로 추가해서 넣고 있다. 이러한 사실은 『속고승전』의 필사본이 근래 일본의 흥성사興聖寺에서 발견되면서 더욱 주목을 받고 있다. 이러한 「흥성사본」에는 현행본 『속고승전』에 실려 있는 인물 가운데 당 태종太宗 말년(649) 이후에 입적한 승려들의 전기는 하나같이 수록되어 있지 않은 것으로 밝혀지고 있다. 따라서 「흥성사본」은 648년 10월 무렵부터 649년경에는 성립된 것으로 추정된다.[34] 현재 흥성사에서 발견된 『속고승전』의 필사본 전문이 공개되지 않았는데, 여기에 자장의 전기가 수록되었을 가능성도 있다. 도선의 『속고승전』은 여러 번에 걸쳐 보완되었지만 끝내 자장의 몰년을 자세하게 기록하지는 못하였다. 이에 도선의 문인이었던 도세道世가 『법원주림法苑珠林』을 저술하건서 자장의 몰년을 밝혔던 것이다. 하지만 도세의 기록이 정확한 몰년을 밝히지 않았기 때문에, 자장의 말년에 해당하는 영휘연간의 구체적인 행적은 알 수 없게 되

---

34) 등선진징藤善眞澄, 「『속고승전(續高僧傳)』현장전(玄奘傳)의 성립(成立)−신발견(新發見)의 흥성사본(興聖寺本)을つて−」『응릉사학(鷹陵史學)』5, 1979. 이 글은 등선진징藤善眞澄, 『도선전(道宣傳)의 연구(研究)』6장(章)「『속고승전(續高僧傳)』현장전(玄奘傳)의 성립(成立)」, 경도(京都): 경도대학학술출판회(京都大學學術出版會), 2002, pp.179~244에 재수록되었다. 이러한 측면에 대한 보다 구체적인 지적은 이미 남동신의 연구(「현장의 인도 구법과 현장상의 추이−서역기, 현장전, 자은전의 비교 검토를 중심으로−」『불교학연구』20, 2008)에서 제시된 적이 있다.

어 있다. 이런 상황에서 (17)의 내용이 『삼국유사』에 추가로 기록되었다.

　기존 연구에서는 이런 부분들도 합리적으로 설명하면서 자장의 생애를 복원하려고 하였다. 그렇다면 이러한 부분을 어떻게 이해하여야 할 것인지에 대해서도 명확한 입장을 갖고 있어야 할 것이다. 저자는 위에 제시된 사실들은 모두 자장 당대의 사실이 아닐 것이라고 보았다. 신라 하대와 고려시대를 거치면서, 자장의 불교사상과 그의 신행을 추숭하려는 움직임이 있었을 것이다. 이러한 범자장계 불교신앙권이 형성되면서, 자장과 직접적인 관련이 없던 내용도 자장이 관여한 것으로 덧붙여지게 되었다고 보여진다.[35] 이러한 측면에서 볼 때, 『삼국유사』에 전하고 있는 자장관련기록은 재검토될 필요가 있다. 이를 통해, 신라하대와 고려시대를 거치면서 ‘범자장계 불교신앙권의 형성’이 어떤 모습으로 전개되었는지는 앞으로의 연구에서 계속 밝혀나가고자 한다.[36]

---

35) 월정사의 팔각구층석탑은 고려시대에 세워진 것이지만, 민지의 기록에서는 자장이 창건한 것이라고 하였다.
36) 이러한 부분은 조선시대와 현재까지 계속 진행된다고 보여진다. 조선시대 사찰관련 자료에 보이는 자장관련 기록은 이런 맥락에서 새롭게 검토할 필요가 있다고 보여진다.

 신라 자장 연구

IV
『속고승전』과 『삼국유사』의
기록 비교

앞에서는 자장의 생애를 가능한 한 복원하여 보았다. 또한 『삼국유사』에 반영되어 있는 것으로 볼 수 있는 고려 국내 유통 「자장전」의 내용도 복원하였다. 한편 이러한 이해를 바탕으로 도선道宣과 일연一然의 자장관慈藏觀에는 어떤 차이점이 있는지도 비교 검토해 보았다.

이때 기본자료로 검토한 자장 관련 기록은 도선道宣(596~667)의 『속고승전』에 실려 있는 「당신라국대승통석자장전唐新羅國大僧統釋慈藏傳」과 「당경사보광사석법상전唐京師普光寺釋法常傳」 및 도세道世의 『법원주림法苑珠林』 64에 수록된 「당사문석자장전唐沙門釋慈藏傳」이 있다. 이 외에 국내 자료로는 「신라황룡사구층목탑찰주본기新羅皇龍寺九層木塔刹柱本記」와 『삼국사기』 「신라본기」 및 『삼국유사』 「자장정율」의 기록이 있다.

이러한 자료 가운데 『속고승전』 「자장전」과 『삼국유사』 「자장정율」은 대체로 동일한 내용을 서술한 것으로 이해되고 있다. 하지만 『속고승전』의 편찬시기가 앞설 뿐만 아니라 그 내용에 있어서도 『삼국유사』 「자장정율」에 비해 보다 원형의 자료를 전하고 있을 것으로 보았다.[1] 이에 반해 『삼국유사』는 13세기 후반까지 변천한 고려불교사가 어느 정도 반영되어 있으며, 일연이 살았던 당시의 불교 상황을 반영하면서 편찬되었다. 말하자면 고려시대에 작성된 자료는 더 이상 '고대문화의 원형'일 수 없으며, 그것은 오히려 고대문화에 대한 고려시대인들의 인식이 반영된 것으로 해석되어야 한다는 주장도 제기되었다.[2]

이에 본고에서는 『속고승전』의 「자장전」과 『삼국유사』 「자장정율」의 원전 내용을 미시적으로 비교하면서, 두 기록에 어떤 차이가 있는지를 제시하고자 한다.[3] 이러한 작업은 『삼국유사』에서 가장 많이 등장하는 자장과 관련된 기록이 갖는 의미를 밝히고자 할 때에도 반드시 필요한 작업이라고 생각된다.

한편 당唐의 도선道宣이 편찬한 『속고승전』에 수록된 「자장전」은 자장이 생존해 있을 때에 쓰여졌다는 점, 도선이 자장과 교류하였던 점 등을 고려해 볼 때, 자장 연구에 있어서 가장 중요한 자료로 평가받고 있다.[4] 이에 반해 『삼국유사』 「자장정율」에는 도선의 「자장전」에서 언급하지 않은 내용이 추가되기도 하였다. 그렇다면 두

---

1) 신종원, 「자장의 불교사상에 대한 재검토-초기계율의 의의-」 『한국사연구』 39, 1982, p.4.
2) 남동신, 「『삼국유사』의 사서(史書)로서의 특성」 『불교학연구』 16, 2007.
3) 『속고승전』과 『삼국유사』 「자장정율」의 내용을 비교하려는 시도는 이미 혜남(慧南) 노재성(盧在性)의 논문에서 검토된 바 있다(「자장율사의 생애-『당전(唐傳)』과 『삼국유사』 「자장정율」을 비교하며-」 『중앙승가대학교 교수논문집』 10, 2003). 이러한 선학의 연구성과를 참고하면서, 본고에서는 『속고승전』과 「자장정율」의 내용을 보다 미시적으로 검토하였다.
4) 남동신, 「자장의 불교사상과 불교치국책」 『한국사연구』 76, 1992, p.4. 하지만 김상현은 도선의 『속고승전』 「자장전」이 자장이 생존해 있을 때 작성되었다고 볼 근거는 없다고 보기도 한다(「삼국유사 자장 기록의 검토」 『천태종 전운덕 총무원장 화갑기념 불교학논총』, 1999. p.1750).

자료에 전하는 내용을 꼼꼼하게 비교 검토하면서, 두 자료가 어떤 점에서 내용을 달리 서술하고 있는지를 확인해 볼 필요가 있다.[5] 우선 아래 자료가 참고된다.

   (1) 당나라 신라국의 대승통인 석자장釋慈藏의 성은 김씨이고 신라사람이
       다; 唐新羅國 大僧統 釋慈藏 姓金氏 新羅人(『속고승전』「자장전」)[6]
   (2) 대덕인 자장은 김씨이다; 大德慈藏 金氏(『삼국유사』「자장정율」).

   도선은 자장이 신라 국내에서 대승통으로 활약하고 있을 선덕여왕 당시에 「자장전」을 저술하였다. 그렇기 때문에 (1)은 위와 같이 자장의 지위와 속성俗姓, 출신국 등을 구체적으로 표현하였다. 이러한 기록을 토대로 「자장정율」에서는 '석자장釋慈藏'이라고 표기한 「자장전」의 내용을 '대덕자장大德慈藏'으로 고치고 있다. 이렇게 볼 때, 일연은 『속고승전』의 기록을 요약하면서, 「자장정율」을 편찬하였음을 알 수 있다. 그런데 아래의 기록은 「자장정율」에서 소개되지 않았다. 우선 아래 자료가 참고된다.

   (3) 그의 선조는 삼한의 후예이다. 중고의 시대에 진한과 마한 및 변한이
       그 부족의 권속들을 거느리고 있었는데, 각자 괴장魁長이 있었다. 양

---

5) 도선의 『속고승전』에 있는 내용을 번역할 때에는 동국역경원(東國譯經院)에서 편찬한 『한글대장경 속고승전(續高僧傳)』(이창섭 옮김, ①과 ②, 1997 및 ③, 1998)을 참고하였다.
6) 도세(道世)의 『법원주림(法苑珠林)』 권 64 「당사문석자장전(唐沙門釋慈藏傳)」(대정장 53)에서는, "당나라 신라국의 대승통인 석자장의 속성은 김씨로 신라국 사람이다; 唐新羅國 大僧統 釋慈藏 俗姓金氏 新羅國人"이라고 하였다. 도세는 남산 율종(律宗)을 개창한 도선(道宣)과는 동문수학한 사이로서 도선보다는 몇 살 연하로 추정된다. 이 기록은 도선의 「자장전」을 줄여서 옮겨 놓은 것이기는 하지만, 자장의 몰년과 사인(死因)에 대한 정보를 담고 있다는 점에서 중요한 자료로 평가되고 있다(남동신, 앞의 논문, 1992, p.5). 이후부터는 『법원주림(法苑珠林)』으로 약칭하겠다.

梁나라의 공직도를 살펴보면, 그 신라라는 나라를 위魏나라에서는 사
로斯盧라고 하였는데 송宋나라에서는 신라라고 하였다. 근본은 동이
진한의 나라였다; 其先三韓之後也 中古之時 辰韓馬韓卞韓 率其部屬
各有魁長 案梁貢職圖 其新羅國 魏曰斯盧 宋曰新羅 本東夷辰韓之國矣
(『속고승전』 「자장전」).

위에 제시한 (3)의 기록을 통해 도선의 한반도 인식을 살필 수
있다.[7] 이때 (3)의 기록에서 주목되는 점은, 자장이 살던 시대를 도
선은 '중고시대中古時代'로 이해하고 있다는 점이다. 그렇다면 '중
고시대'라는 용어에는 어떤 의미가 담겨 있는지가 검토되어야 할
것이다. 우선 아래 자료가 참고된다.

(A) 원래 지극한 도는 말로 표현할 수 없지만, 언어가 아니고서는 무엇으
로써 세상을 이끌겠는가. 언어는 행동을 이끌어 주는 것이니 행동을
가까이해서 언어가 성립되기 때문이다. (중략) 그러나 저 대각大覺께
서 비추면서 내려올 때, 그 교화는 서역을 뒤덮었고 그 자취는 동천東
川(필자주, 중국을 말함)으로 흘러왔다. (이러한 흐름이) 중고시대中古
時代를 지나면서 더욱 새로워졌다.[8]

위의 기록 (A)에 의하면, '중고시대中古時代'는 인도에서 성립한
불교가 중국에서 꽃을 피운 시기를 의미한다고 할 수 있다. 일연은

---

7) 이러한 부분은 「원광전」을 통해서도 알 수 있다. 「원광전」(대정장 50, 523 하)에서는,
"석원광의 속성은 박씨이다. 본래 변한과 마한 및 진한이라는 삼한에 거주하였다. 원
광은 곧 진한의 신라인이다; 釋圓光 俗姓朴 本住三韓 卞韓馬韓辰韓 光卽辰韓新羅人
也"라고 하였다. 도선의 한반도 인식에 대한 문제는 뒤에서 좀더 구체적으로 살펴보
도록 하겠다.
8) 도선, 『속고승전』의 「서(序)」(대정장 50, 425 상)에서는, "原夫至道無言 非言何以範
世 言惟引行 卽行而成立言 (중략) 惟夫大覺之照臨也 化敷西壤跡紹東川 踰中古而彌
新"이라고 하였다.

신라 자장 연구

『삼국유사』를 편찬할 때, 이러한 도선의 역사인식을 수용하면서 신라 천년의 역사를 시기구분하였다. 이미 김부식이 편찬한『삼국사기』의 삼시기 구분법이 있었지만, 일연은 이를 따르지 않고, '상고上古-중고中古-하고下古'라는 새로운 시기구분법을 제시하였다. 말하자면 일연은 불교가 신라에서 처음으로 공인되는 법흥왕대부터를 중고시대의 시작으로 삼았던 것이다. 이러한 측면은 도선의 역사인식에서 영향을 받았을 것으로 보여진다. 다시 관련자료를 비교해보면 아래와 같다.

(4) 자장의 아버지 이름은 무림武林이다. 관직은 소판이蘇判異(본래 왕족의 관직이니, 당의 1품에 비견될 수 있다)에 이르렀다. 이미 고위관직에 오르게 되자 나라의 계획과 의논이 그에게 귀속되었다. 그러나 애석하게도 뒤를 이을 후사가 없었으므로 그윽하고도 깊은 근심에 쌓여 있었다. (그는) 평소부터 불교의 진리를 우러러 보면서 가호를 구하였다. 널리 (스님들을) 초청하고 크게 (재물을) 희사하면서 마음 속으로 부처님의 가르침에 기도를 드렸다. 아울러 천부관음을 조성하면서 자식을 하나만이라도 낳기를 희구하였다. 뒤에 이 아이가 성장하면 도심道心으로 모든 중생의 부류들을 제도하겠다고 발원하였다. 그윽한 상서로움이 감응으로 나타나더니, 별이 떨어져 품안으로 들어오는 꿈을 꾼 뒤에 곧바로 임신을 하게 되었다. 4월 8일에 태어나니, 좋은 날이라고 하면서 도속道俗이 모두 경하하는 마음을 갖게 되었으며 희유希有한 상서러움이 있다고 하였다; 藏父名武林 官至蘇判異(以本王族比唐一品) 旣嚮高位 籌議攸歸 而絶無後嗣 幽憂每積 素仰佛理 乃求加護 廣請大捨 祈心佛法 幷造千部觀音 希生一息 後若成長 願發道心 度諸生類 冥祥顯應 夢星墜入懷 因卽有娠 以四月八日誕 載良晨 道俗銜慶 希有瑞也(『속고승전』「자장전」).

(5) (자장의) 근본은 진한의 진골인 소관(삼급의 작에 해당된다) 무림茂林의 아들이다. 그의 아버지는 청요淸要한 관직을 두루 역임하였다. (하지만) 애석하게도 뒤를 이을 후사가 없었다. 이에 삼보에 귀의하는 마음으로 천부관음을 조성하면서, 아들 하나 낳기를 희구希求하였다. 축

원하여 말하기를, "만약 남자를 낳는다면 (부처님께) 희사하여 법해法海의 진량津梁이 되도록 하겠습니다"라고 하였다. 이러한 인연으로 임신을 하게 되었는데 석가세존이 태어난 날과 같은 날에 태어나게 되었다. 이에 이름을 선종랑이라고 하였다; 本辰韓眞骨蘇判(三級爵名) 茂林之子 其父歷官淸要 絶無後胤 乃歸心三寶 造于千部觀音 希生一息 祝曰 若生男子 捨作法海津梁 母忽夢星墜入懷 因有娠 及誕 與釋尊同日 名善宗郞(『삼국유사』「자장정율」).

위에 제시한 (4)와 (5)의 기록에서 커다란 차이는 보이지 않는다. 다만 『속고승전』에 보이는 '무림武林'을 「자장정율」에서는 '무림茂林'으로 표기하였다. 이는 고려 혜종의 이름인 '무武'를 피휘하였다고 이해되고 있다.[9] 그렇다면 자장의 부친 이름은 원래 무림武林이었다고 보는 것이 타당할 것으로 생각된다.

또한 『속고승전』에 '소판이蘇判異 이본왕족비당일품以本王族比唐一品'이라고 되어 있는 부분을 「자장정율」에서는 '진골소판眞骨蘇判 삼급작명三級爵名'이라고 고쳤다. 이로 볼 때 일연은 자장의 신분을 진골眞骨로 보았음을 알 수 있다.

나아가 일연은 자장의 이름이 '선종랑善宗郞'임을 밝히고 있다. 그런데 이 부분은 『속고승전』에 근거하지 않고, 국내에 전해지고 있던 기록인 「황룡사찰주본기」 아니면 『사중기』의 내용을 일연이 참고했음을 알 수 있다.

또한 (4)와 (5)의 기록을 통해, 자장은 부친인 김무림이 조성한 천부관음의 원력으로 태어났음을 알 수 있다. 이러한 자장의 성장과정

---

9) 고려 혜종(惠宗)의 이름인 '무(武)'를 피휘한 것으로 이해하였다(강인구 · 김두진 · 김상현 · 장충식 · 황패강, 『역주 삼국유사』 Ⅰ~Ⅴ, 이회문화사, 한국정신문화연구원, 2002~2003을 참고).

과 그의 출가동기를 알려주는 기록은 다음과 같이 설명되고 있다.

   (6) 소학의 나이를 넘어서자 정신의 슬기로움이 맑고 향기로와 유독 빼어
       나게 항심을 가졌다. 그러면서도 세상의 변화와 역사 관련 서적을 거의
       모두 두루 열람하였다. 하지만 가슴 속에 품은 뜻은 막막하기만 하여
       마음에 물들거나 나아갈만한 것이 없었다; 年過小學 神叡澄蘭 獨拔恒
       心 而於世數史籍 略皆周覽 情意漠漠 無心染趣(『속고승전』「자장
       전」).10)

   (7) (자장은) 정신과 지조가 맑고 슬기로와 문학과 생각이 날로 풍부해져서
       세간에 물들거나 나아감이 없었다; 神志澄睿 文思日贍 而無染世趣
       (『삼국유사』「자장정율」).

   (6)에서는 자장이 소학小學의 나이를 지나면서부터 총명하여 여
러 서적을 두루 섭렵하였지만 본래 세속에 물들지 않는 성격임을
부각시키고 있다. 하지만 (7)에서는 『속고승전』의 기록을 두루뭉실
하게 요약함으로써 자장의 활동상황을 미시적으로 분석하지 못하
도록 하고 있다. 이때 (6)에 보이는 소학小學의 나이는 대체로 8세
를 전후한 시기라고 할 수 있다.11) 그렇다면 자장이 출가한 시기는
그가 8세가 되던 진평왕 5년(583)이라고 할 수 있다. 자장이 출가
한 동기 및 수행과정이 어떠하였는지는 아래 자료가 참고된다.

---

10) 『법원주림』에서는, "소학의 나이를 넘어서자 정신의 슬기로움이 맑고 간명해져서 세
    상의 높은 관직과 부귀영화를 싫어하게 되면서 감정은 세속을 벗어난 것을 기뻐하게
    되었다; 年過小學 神叡澄簡 厭世高榮 情欣方外"라고 하였다.
11) 『상서대전(尙書大傳)』에서는 13세에 소학에 들어가고 20세에 대학에 들어간다고 하
    였다. 『신서(新書)』에서는 9세에 소학에 들어가고 15세에 대학에 들어간다고 하였다.
    한편 『대대례(大戴禮)』와 『백호통(白虎通)』 등에서는 8세에 소학에 들어가고 15세에
    대학에 들어간다고 되어 있다(제교철차(諸橋轍次), 『대한화사전(大漢和辭典)』4, 대수
    관서점(大修館書店), 1957, pp.51~52). 본고에서는 『대대례』와 『백호통』이 따르고
    있는 8세설을 수용하였다.

(8) (자장은) 양친을 모두 잃는 슬픈 일을 당하자 더욱 세상의 화려함이 싫어지면서, (인생이) 무상하여 끝내 공적으로 돌아감을 깊이 체험하였다. 이에 처자와 살던 집 및 전원을 흔쾌히 희사하여 모름지기 필요한 사람에게 모두 나누어주어 비업悲業과 경업敬業을 행한 뒤에 자기 자신의 몸을 숲과 산골짜기에 던져 추악한 복장과 초라한 신발로 남은 목숨을 마치고자 하였다. 드디어 가파른 낭떠러지에 올라서 홀로 고요하게 선禪을 수행하면서 호랑이와 들소들을 피하지 않으면서, 항상 보시하기가 어려움을 생각하였다. 때로 가끔씩 마음이 혼란하고 졸려서 마음이 장차 미약해지려고 하면 작은 방에 들어앉아 주위를 가시로 둘러쳐 가로막았다. 몸을 드러내고 꼿꼿하게 앉아서, 움직이기만 하면 몸이 가시에 찔리게 하였다. 머리카락을 풀어서 대들보에 매달아놓고 혼미하고 아득해지는 마음을 내쫓으면서 백골관을 닦아 더욱 밝고 예리한 곳으로 전향하게 되었다. 그리하여 그윽하고 두드러지는 가피를 입게 되었다; 會二親俱喪 轉厭世華 深體無常 終歸空寂 乃捐捨妻子第宅 田園 隨須便給 行悲敬業 子爾隻身投於林壑 黶服草屬用卒餘報 遂登階 陳 獨靜行禪 不避虎兕 常思難施 時或弊睡 心行將徵 遂居小室 周障棘 刺 露身直坐 動便刺肉 懸髮在梁 用祛昏漠 修白骨觀 轉向明利 而冥行 顯被(『속고승전』「자장전」).[12]

(9) (자장은) 일찍이 양친을 여의고 속세가 티끌같음을 더욱 싫어하여 처자와 자식을 버리고 전원을 희사하여 원녕사로 삼았다. (이에) 홀로 그윽하고 험한 곳에 자리를 잡은 뒤에 늑대나 호랑이도 피하지 않으면서 고골관을 닦았는데, 잠시라도 게으르거나 나태함이 없도록 하였다. 이에 작은 집을 짓고는 주위를 가시나무로 둘러 막고는 벌거벗은 채로 앉아서 움직이기만 하면 가시에 찔리도록 하고, 머리는 대들보에 매달아 정신이 혼미하거나 몽롱하지 않도록 하였다; 早喪二親 轉厭塵譁 捐妻息 捨田園爲元寧寺 獨處幽險 不避狼虎 修枯骨觀 微或倦弊 乃作小室 周 障荊棘 裸坐其中 動輒箴刺 頭懸在梁 以祛昏暝(『삼국유사』「자장정 율」).

---

12) 『법원주림』에서는, "(자장은) 홀로 고요하게 선(禪)을 수행하면서 호랑이와 물소들을 피하지 않았다; 獨靜行禪 不避虎兕"라고 하였다.

신라 자장 연구

(8)에서는 '독정행선獨靜行禪'이라고 하였는데 (9)에서는 이러한 문구가 빠졌다. 아마도 일정한 계통도 스승도 없이 행한 선禪이 문제가 되어 일연一然 나름대로 이해한 결과 빠진 것이라고 생각되지만, 뒤에 보이는 고골관枯骨觀도 일종의 선禪이고 보면 문제가 되지 않는다고 하였다.[13] 또한 '상사난시常思難施(항상 어려운 보시를 생각하였다)'라는 부분도 (9)에서는 빠졌음이 지적되었다.[14]

한편 (8)에서의 '불피호시不避虎兕'는 (9)에서 '불피낭호不避狼虎'로 고쳐졌다. 이것은 일연이 우리 나라의 현실에 맞게 표현을 바꾼 것으로 생각되므로 크게 문제가 되지는 않는다고 보여진다. 또한 (8)의 '백골관白骨觀'을 (9)에서는 '고골관枯骨觀'이라고 하였지만, 백골관과 고골관은 비슷한 수행법으로 이해된다.[15] 이러한 자장의 '백골관(또는 고골관)' 수행은 석가모니의 수행과정과 통하는 것으로 이해되고 있다.[16]

그런데 (9)에서 일연은 '사전원위원녕사捨田園爲元寧寺'라는 내용을 추가하였다. 이 부분은 국내 기록에 근거한 것으로 보여진다. 또한 이 부분은 뒤에서 검토할 (29)-②의 내용과도 통한다. 그렇다면 (9)에서 일연이 추가한 이 내용은 마땅히 (29)-②에 들어갔어야 할 내용이 아닐까라는 생각을 일단 가져본다.

지금까지 살펴본 (8)과 (9)의 기록을 모두 사실로 본다면, 자장의 부친인 김무림이 이 무렵에 세상을 떠났다고 보는 것이 타당하

---

13) 신종원, 앞의 논문, 1982, p.5와 각주 30.
14) 신종원, 앞의 논문, 1982, p.5.
15) 자장의 백골관 수행과 그것이 갖는 사상적 의미에 대해서는 아래 논문이 참고된다.
　　박태원, 「자장 사상의 기반-백골관 수행의 사상적 의미를 중심으로-」『불교문화연구』 4, 영축불교문화연구원, 1995.
16) 신종원, 앞의 논문, p.6 및 남동신, 앞의 논문, p.9.

다고 생각된다. 이와 관련해서는 아래 자료도 참고된다.

> (B) 옛날에 선종랑이 있었는데 진골귀인이었다. 어려서 살생을 좋아하여 매를 놓아 꿩을 잡았는데, 그 꿩이 눈물을 흘리는 것을 보고 느낀 바가 있어서 출가하였다.[17]

위에 제시한 자료 (B)에는 자장의 양친이 언제 돌아가셨는지에 대한 언급은 전혀 없다. 하지만 자장이 어린 나이에 출가한 것은 사실로 볼 수 있다. 이에 본고에서는 『속고승전』과 「자장정율」의 기록을 따르도록 하겠다.[18]

진평왕 5년(585) 무렵에 8세의 나이로 출가한 자장의 이후 행적은 (8)과 (9)에서 자세하게 서술되었다. 그러다가 자장은 조정과 왕의 부름을 받았으나 죽음을 무릅쓰면서까지 이를 거부하고 있다. 이러한 내용은 아래 자료에서 자세하게 서술되고 있다.

> (10) (자장은 조정의) 물망에 오르는 바가 되어 재상의 지위에 해당하는 곳에 여러번 부름을 받았으나 나아가지 않았다. 왕이 크게 분노하여 칙사를 산으로 보내 가지고 간 칼로 베라고 하였다. 자장이 말하기를, "나는 차라리 하룻동안 계를 지키다가 죽을지언정 계를 어기고 평생동안 살기를 원하지 않습니다"라고 하였다. 사자가 감히 그를 해치지

---

17) 경문왕(景文王) 11년(871)에 황룡사를 중창(重創) 할 때에 기록한 「신라황룡사구층목탑찰주본기」에는, "昔有善宗郎 眞骨貴人也 少好殺生放鷹摯雉 雉出淚而泣 感此發心 請出家入道"라고 되어 있다.

18) 신종원은 자장이 양친을 여윈 후에 출가했다는 『속고승전』과 『삼국유사』 「자장정율」의 출가 기사는 잘못 서술되었거나, 아니면 극적인 효과를 노려 과장한 것이라고 보았다(앞의 논문, p.5). 하지만 민지(閔漬)가 작성한 「오대산월정사사적(五臺山月精寺事蹟) 봉안사리개건사암제일조사전(奉安舍利開建寺庵第一祖師傳)」에서도, "약관의 나이에 부모님을 여의었다; 弱喪雙親"이라고 되어 있다. 이 자료는 『불교진흥회월보(佛敎振興會月報)』(1916, p.44)에 실려 있는 원문을 참고하였다.

신라 자장 연구

못하고, 일의 전후사정을 상세하게 아뢰었다. 이에 왕이 부끄러워하면서도 감복하여 출가하여 임의더로 도업道業을 닦도록 하였다; 物望所歸 位當宰相頻徵不就 王大怒 敕往山所將加手刃 藏曰 吾寧持戒一日而死 不願一生破戒而生 使者見之不敢加刃 以事上聞 王愧服焉 放令出家 任修道業(『속고승전』「자장전」).[19]

(11) 마침 태보台輔의 자리가 비게 되자, 문벌로써 마땅하다고 하여 여러 번 불렀으나 나오지 않았다. 이어 왕은 칙명을 내려 말하기를, "나오지 않는다면 목을 베어버리겠다"라고 하였다. 자장은 이러한 사정을 듣고는 말하기를, "저는 차라리 하룻동안 계를 지키다가 죽을지언정 계를 어기고 백년동안 살기를 원하지는 않습니다"라고 하였다. 이러한 저간의 사정이 보고되자 왕은 출가하는 것을 허락하였다; 適台輔有闕 門閥當議 累徵不赴 王乃敕曰 不就斬之 藏聞之曰 吾寧一日持戒而死 不願百年破戒而生 事聞 上許令出家(『삼국유사』「자장정율」).

위의 기록 (10)에서 '재상宰相'이라고 한 부분이 (11)에서 '태보台輔'로 고쳐진 점을 제외하면, 내용은 대체로 일치하고 있다. 그렇다면 이때 자장을 여러 차례 조정으로 부른 왕은 구체적으로 누구인지가 궁금하다. 그런데 민지閔漬가 1307년에 찬술한 『오대산월정사사적五臺山月精寺事蹟』 내의 「봉안사리개건사암제일조사전」에 의하면, 자장은 당시 선덕여왕의 출사령出仕令을 거부하였다고 하면서 당시 그의 나이는 25세라고 하였다.[20] 하지만 이 당시 자장의

---

19) 『법원주림』에서는, "계를 지켜 어지럽지 않았으니 자비롭게 구함을 우선으로 하였다; 持戒不群 慈救爲先"이라고 하였다.

20) 민지, 『오대산월정사사적』「봉안사리개건사암제일조사전」에서는, "善德王聞師魁傑 欲拜相國 師堅志不聽 王大怒 以紉授使者曰 今若不從 斬首級來 祖師引頸 授使者曰 破戒而生 不如持戒而死 略無懼色 使者不忍加誅 復于王 於是王壯其岳立之志許焉 師時年二十五也"라고 하였다. 이에 남동신은 이 사건이 선덕여왕 원년으로부터(632) 자장이 입당하는 동왕 7년(638) 사이의 어느 해에 일어난 것으로 보았다. 이를 토대로 자장이 태어나는 시기를 진평왕 30년에서(608) 동왕 36년(614) 사이의 어느 해 4월 8일에 해당하는 것으로 보았다(앞의 논문, 1992, p.8).

목을 베려고 위협한 왕은 선덕여왕이 아니고 진평왕으로 보는 것이 옳을 것이다. 그렇게 볼 때, 위에 제시된 사건이 일어난 시기는 자장의 나이가 25세 되던 진평왕 22년(600)이라고 할 수 있다. 자장은 진평왕의 출사령을 죽음을 무릅쓰면서까지 거부하였다. 이에 진평왕은 그의 출가를 정식으로 허락하였다. 이후 자장의 수행과정이 어떠하였는지는 아래의 자료가 참고된다.

(12) (자장은) 곧바로 또 깊이 숨어 외부와의 내왕을 끊었다. 양식이 더욱 궁핍하여졌지만 죽는 것을 운명으로 생각하였더니 문득 이상한 새가 감응하여 각각 여러 과일들을 물고 와서는 (자장의) 손에 주었다. 새들도 자장의 손바닥에 앉아서 함께 먹었다. 때가 되면 반드시 그렇게 하여 처음부터 때를 어기는 적이 없었다. 이러한 행실은 현징玄徵에 감응한 것으로 이와 짝할 사람은 드물다고 할 것이다. 그러면서도 (자장은) 항상 슬픈 생각을 품어서 모든 중생들을 자애하여 어떠한 방편으로 그들이 생사에서 벗어날 수 있을까를 생각하였다. 드디어 잠자리에 두 장부가 나타나서 말하기를, "그대는 그윽히 숨어 있으면서 어떠한 이익을 원하고 있는가"라고 하였다. 자장이 말하기를, "오직 중생들에게 이롭게 하고자 합니다"라고 하였다. 이에 자장에게 오계를 주면서 부탁하여 말하기를, "이 오계로서 중생들을 이롭게 할 수 있을 것이다"라고 하였다. 또 자장에게 아뢰어 말하기를, "우리는 도리천으로부터 왔기 때문에, 그대에게 계를 주는 것입니다"라고 하였다. (말을 마치고는) 하늘로 올라가 사라졌다. 이에 (자장은) 산을 나와 한 달 동안 나라안의 사녀士女에게 모두 오계를 주었다; 卽又深隱 外絶 來往 糧粒固窮 以死爲命 便感異鳥 各銜諸果 就手送與 鳥於藏手就而 共食 時至必爾 初無乖候 斯行感玄徵 罕有聯者 而常懷慼慼 慈哀含識 作何方便 令免生死 遂於眠寐 見二丈夫曰 卿在幽隱欲爲何利 藏曰 惟 爲利益衆生 乃授藏五戒 訖曰 可將此五戒 利益衆生 又告藏曰 吾從忉 利天來 故授汝戒 因騰空滅 於是出山 一月之間 國中士女 咸受五戒 (『속고승전』「자장전」).[21]

(13) 이에 (자장은) 바위무더기에 깊이 숨으니 양식을 도와줌이 없었다. 이러한 때에 이상한 새가 과일을 물어와 바치니, 손으로 받아서 먹었다.

 신라 자장 연구

문득 꿈에 천인이 와서 오계를 주었다. 바야흐로 계곡을 나왔는데, 향
읍의 사녀들이 다투어 와서 계를 받았다; 乃深隱岩叢 糧粒不恤 時有
異禽 含菓來供 就手而喰 俄夢天人 來授五戒 方始出谷 鄕邑士女 爭來
受戒(『삼국유사』「자장정율」).

위의 기록은 진평왕의 출사령까지 거부하면서 혹독한 수행을 하
고 있는 자장의 모습이 어떠하였는지를 보여준다. 또한 자장의 출가
수행은 자신만의 깨달음만을 추구하는 것이 아니라 끝내는 중생을
구제하겠다는 커다란 서원도 갖고 있었다는 사실을 밝히고 있다.

그런데 (13)에서는 천인天人이 오계五戒를 주었다고 하였다. 하
지만 (12)의 기록에 의하면, 이러한 수행의 결과 자장은 도리천忉利
天에서 내려온 두 명의 장부로부터 오계五戒를 받은 이후 다시 속세
俗世로 돌아오고 있다. 이때 도리천에서 두 장부를 보내 자장에게
오계를 주었다고 하였음이 주목된다. 이때 자장에게 오계를 준 주
체는 선덕여왕이라고 보여진다.[22] 그렇다면 위의 기록은 선덕여왕
즉위초에 있었던 일로 볼 수 있다. 이 당시 자장의 나이는 57세 무
렵이었다.

선덕여왕의 부름을 받고 속세로 다시 나온 자장은 국중사녀國中士

---

21) 『법원주림』에서는, "深隱山居 來往絶糧 便感異鳥 各銜諸果 就手送與 鳥於藏手 同共
食之 時至必爾 初無乖候 行感玄徵 罕有繼者 而常懷感慼 慈哀含識 作何方便 令免生死
遂於眠寐 見二丈夫曰 卿在幽隱 欲爲何利 藏曰 唯爲利生 乃授藏五戒 訖曰 可將此五戒
利益衆生 又告藏曰 吾從忉利天來 故授汝戒 因騰空滅 於是出山 國中士女 受戒無窮"
이라고 하였다.
22) 도리천이 선덕여왕과 깊게 연관되어 있음은 이미 선학들의 연구에 의해 밝혀졌다.
아래의 논문이 참고된다.
김철준, 「신라 상대사회(上代社會)의 Dual Organzation」(하) 『역사학보』 2, 1952,
p.92; 『한국고대사회연구』, 서울대학교 출판부, 1990, p.148.
김두진, 「신라 진평왕대의 석가불신앙(釋迦佛信仰)」 『한국학논총』 10, 국민대학교
한국학연구소, 1987, p.22.

女 또는 향읍사녀鄕邑士女들에게 오계五戒 또는 수계受戒를 내려주고 있다. 이때부터 자장은 신라 국내에서 본격적인 교화활동을 하였음을 알 수 있다. 그러다가 자장은 선덕여왕 7년(638) 이전부터 입당유학을 추구하였다.[23] 이와 관련된 기록은 아래 자료가 참고된다.

> (14) (자장은) 또 깊이 생각하여 말하기를, "태어나 변방에 있으니 부처님의 법이 아직은 폭넓게 홍포되지 못하였다. 스스로 목격하고 체험하지 않는다면 계승하고 받들만한 것이 없다"라고 하였다. 이에 본국의 왕에게 서쪽의(필자주; 서쪽은 중국을 말한다) 큰 교화를 보고 오겠다고 아뢰었다; 又深惟曰 生在邊壤 佛法未弘 自非目驗 無由承奉 乃啓本王 西觀大化(『속고승전』「자장전」).
>
> (15) 자장은 변방에 태어난 것을 스스로 한탄하면서 중국에서 크게 교화되기를 희구하였다; 藏自嘆邊生 西希大化(『삼국유사』「자장정율」).

위의 기록은 자장이 입당한 동기를 구체적으로 알 수 있는 부분이다. 위의 기록을 통해 볼 때, 자장의 입당은 자발적이었을 뿐만 아니라, 단순히 구법求法만을 목적으로 한 것은 아니었음을 알 수 있다. 그가 입당한 시기 및 입당하는 모습은 아래 자료가 참고된다.

> (16) (자장은) 정관 12년(638)에 문인門人 승실을 포함한 10여명을 거느리고, 동쪽(필자주; 신라를 말함) 떠나 서울(필자주; 여기의 서울은 당나라의 수도였던 장안을 말함)에 이르렀다. 황제의 위무를 받고 승광사의 별원에 거처하였는데, 후한 예우와 남다른 공양을 받았다. 인물들이 많이 모여들고 재물과 관련된 일들이 쌓이게 되자 문득 바깥으로

---

23) 자장이 입당하기 이전에 그의 생질(甥姪)인 명랑이 먼저 입당구법한 뒤에 귀국하였다. 김연민은 명랑의 정치적 입장과 그의 밀교사상을 구체적으로 검토하였다(「신라 문무왕대 명랑의 밀교사상과 의미」『한국학논총』30, 국민대학교 한국학연구소, 2007). 명랑과 자장의 불교사상에는 어떠한 연관성이 있는지는 다음의 연구에서 구체적으로 밝혀볼 계획이다.

부터 도둑들이 오게 되었다. 도적이 장차 재물을 취하려하자 마음이 떨리는 자신에 놀라 돌아와서 잘못을 토로하자, 곧바로 그들에게 계를 내려주었다. 또 태어나면서부터 앞을 보지 못하는 환자가 있었는데, 자장을 찾아 뵙고 참회를 하였더니, 돌아간 뒤에 눈을 뜨게 되었다. 이처럼 상서로운 감응으로 말미암아 (자장으로부터) 계율을 받은 사람들이 하루에 천여명을 헤아리게 되었다; 以貞觀十二年 將領門人 僧實等十有餘人 東辭至京 蒙敕慰撫 勝光別院 厚禮殊供 人物繁擁 財事旣積 便來外盜 賊者將取 心戰自驚 返來露過 便授其戒 有患生盲 詣藏陳懺 後還得眼 由斯祥應 從受戒者 日有千計(『속고승전』「자장전」).[24]

(17)-① (자장은) 인평 3년(636) 병신년(곧 정관 10년이다)에 조칙을 받들어 문인 승실을 포함한 10여명의 무리들과 함께 서쪽의 당나라로 들어갔다. ② 청량산을 순례하였다. 이 산에는 만수대성의 소상이 있었는데, 그 나라에서 서로 전하여 말하기를, "제석천이 장인을 데리고 와서 조각한 것이다"라고 하였다. 자장은 소상 앞에서 기도하니 은밀하게 감응함이 있었다. 꿈에 소상이 이마를 만지면서 범어로 된 게송을 주었는데, 깨고 나니 이해가 되지 않았다. 다음날 아침에 기이한 승려가 와서 해석해 주었다고 전해진다(이미 황룡사탑편에 나와 있다). 또 말하기를, "비록 수만가지의 가르침이 있다고 해도, 이것보다 좋은 것은 없습니다"라고 하였다. 또 가사와 사리 등을 부촉하고는 사라졌다(자장은 처음에 이러한 사실을 숨겼기 때문에 『당승전』에는 실리지 않았다). 자장은 이미 성별을 받은 것을 알아채고, 북대에서 내려와 태화지에 이르렀다. ③ 당의 서울에 들어가니, 태종이 칙사를 보내 위무하고 편안한 거처를 승광사의 별원에 마련해 두고 총애함이 매우 두터웠다; ① 以仁平三年丙申歲(卽貞觀十年也)受勅 與門人 僧實等 十餘輩 西入唐 ② 謁淸涼山 山有曼殊大聖塑相 彼國相傳云 帝

---

24) 『법원주림』에서는, "정관 12년(638)에 이르러 당나라에 도착하였다. (당의 수도였던) 경성에 도착해서는 수많은 중생들에게 자비로운 이익을 주었다. 이로부터 계를 받은 자들이 하루에도 천여명을 헤아릴 수 있었다. 어떤 경우는 눈먼 사람이 눈을 뜨게 되었으며, 병든 사람은 병이 나았다; 至貞觀十二年 來至唐國 旣至京城 慈利群生 從受戒者 日有千計 或盲者見道 病者得愈"라고 하였다.

釋天將工來彫也 藏於像前禱祈冥感 夢像摩頂授梵偈 覺而未解 及旦有
異僧來釋云(已出皇龍塔篇) 又曰 雖學萬敎 未有過此 又以袈裟舍利等
付之而滅(藏公初匿之 故唐僧傳不載) 藏知已蒙聖莂 乃下北臺 抵太和
池 ③ 入京師 太宗勅使慰撫 安置勝光別院 寵賜頗厚(『삼국유사』「자
장정율」).

위에 제시한 자료 (16)에 의하면 자장이 중국에 유학한 시기는
선덕여왕 7년(638)부터 선덕여왕 12년(643)으로, 그의 나이는 63
세부터 67세 무렵이었다.[25] 또한 「황룡사구층목탑찰주본기」에 자
장이 사신 신통神通과 함께 갔다고 되어 있는 것으로 보아, 자장은
당에 가는 사신 일행과 함께 중국으로 구법의 길을 떠난 것으로 보
인다.[26] 그렇다면 자장의 입당유학은 일반적인 구법승求法僧들과는
그 동기나 성격이 달랐다고 할 수 있다. 이미 신라 불교계에서 상당
한 위치에 있었던 덕높은 고승의 신분으로 중국으로 유학하였기 때
문에, 자장은 중국에서 법상法常으로부터 보살계菩薩戒를 받을 수
있었다. 638년에 자장의 나이는 63세였는데 당시 법상의 나이는
72세였다. 이때 자장은 법상을 직접 만나보기 위해 입당하였을 것
이라고 보는 견해가 있는데, 이런 측면에서 본다면 타당하다고 할
수 있다.[27]

---

25) 『삼국사기』 및 중국측 기록인 『구당서』와 『신당서』에 선덕여왕 4년(635)부터 7년
   (638)까지 신라가 사신을 파견했다는 기사는 보이지 않는다. 하지만 이것은 기록의
   누락으로 보인다. 왜냐하면 『삼국사기』에 실려 있는 선덕여왕 원년·2년·11년의
   사신 파견기사도 중국측 사서에 누락되어 있기 때문이다(김영미, 「자장의 불국토사
   상(佛國土思想)」『한국사시민강좌』10, 1992, p.5).
26) 「신라황룡사구층목탑찰주본기」에도, "대왕의 즉위 7년이고 대당의 정관 12년(638)
   이며 우리나라의 인평 5년인 무술년에 우리나라 사신인 신통을 따라서 서국(西國;
   중국을 말함)으로 들어갔다; 大王卽位七年 大唐貞觀十二年 我國仁平五年戊戌歲 隨
   我使神通入於西國"이라고 하였다.

신라 자장 연구

하지만 (17)-①과 ②는 『삼국사기』「신라본기」의 기록을 따르면서, 자장이 입당한 시기를 636년으로 보았다.[28] 그러면서 이때 자장이 중국의 오대산에도 들렀던 것처럼 서술하였다. 이러한 부분은 자장의 만년 모습을 서술하고 있는 (33)의 기록과도 깊이 연관되고 있다. 그렇다면 이러한 내용이 『삼국유사』의 「자장정율」에 삽입된 이유가 궁금해진다. 그런데 이러한 부분은 자장이 활동하던 당시에 실재로 있었던 일이 아닐 것이라고 저자는 생각해 보았다. 신라말을 지나면서 어느 시기엔가 자장과 오대산 신앙을 서로 연관시키려는 분위기가 있었음직하다. 그러한 분위기를 반영한 내용이 (17)-①과 ②로 추가되었다고 보여진다.[29]

다음으로 자장이 중국 장안의 종남산에서 수행에 전념했던 모습을 서술하고 있다. 이와 관련된 내용은 아래 자료가 참고된다.

> (18) (자장은) 본성이 고요한 곳에 깃드는 것을 좋아하였으므로, (이러한 의사를) 황제에게 알리고 산으로 들어갔다. 종남산 운제사 동쪽의 가파른 절벽 위에 방을 마련하고 거처하였다. 아침과 저녁에 사람과 신들이 계에 귀의하면서 모여들었다. 당시 소진이라는 질병에 전염된 사람이 계를 받고자 하였다. 아픈 곳을 어루만져주니, 금새 통증이 사

---

27) 김호동(金晧東), 「『속고승전』과 『대당서역구법고승전(大唐西域求法高僧傳)』에 입전된 한국 고승의 행적」『민족문화논총』 20, 영남대 민족문화연구소, 1999, p.187.

28) 『삼국사기』 권제5 「신라본기」 제5, 선덕여왕 5년조에서는, "자장법사가 당나라로 들어가 법을 구하였다; 慈藏法師 入唐求法"이라고 하였다. 이 해에 선덕여왕은 질병에 걸리는가 하면, 백제의 우소(于召)가 거느린 500명의 군대를 알천 등이 전멸시키는 사건이 일어나기도 하였다. 『삼국사기』는 이러한 혼란스러운 상황에서 자장이 입당구법을 결행한 것으로 보았다. 『삼국사기』에서 자장의 입당연대로 이때로 본 이유는 분명하지 않지만, 당시 상황을 살피면서 새롭게 음미해볼 부분은 충분히 있다고 생각된다.

29) 자장과 오대산신앙이 서로 얽히게 되는 문제는 다음의 연구에서 보다 상세하게 검토하고자 한다.

라지고 병이 나았다. (자장은) 3년 동안 항상 이 산에 있다가, 돌아와서 장차 동쪽 나라를 섬기려고 이곳을 떠나 운제사로 내려왔다. (이때) 큰 귀신이 나타났는데, 그 숫자를 헤아릴 수가 없었다. 갑옷을 두르고 몽둥이를 갖고 있는 귀신이 말하기를, "이 금가마를 갖고서 자장을 모시려고 마중나왔습니다"라고 하였다. 또다른 큰 귀신이 나타나 그들과 함께 싸우면서 (자장을) 모셔가는 것을 거부하면서 허락하지 않았다. (이때) 자장은 골짜기를 가득하게 메운 악취나는 냄새를 맡으면서 곧 선상에 자리잡고서 이별을 통고하였다. 그의 제자 한 명도 또 귀신에게 맞아서 다리가 부러져 죽었다가 소생하였다. 이에 자장은 곧바로 모든 의복과 재물들을 희사하여 승려와 대덕들에게 보시를 하게 되자, 다시 두루 몸과 마음에 향기가 가득하게 퍼져나왔다. 귀신이 자장에게 말하기를, "지금 죽지 않았으니, 80여세를 살 것입니다"라고 하였다; 性樂栖靜 啓敕入山 於終南雲際寺東懸崿之上 架室居焉 旦夕人神 歸戒又集 時染少疹 見受戒神 爲摩所苦 尋卽除愈 往還三夏 常在此山 將事東蕃 辭下雲際 見大鬼神 其衆無數 帶甲持仗云 將此金輿 迎取慈藏 復見大神 與之共鬪 拒不許迎 藏聞臭氣 塞谷蓬勃 卽就繩床 通告訣別 其一弟子 又被鬼打 躄死乃蘇 藏卽捨諸衣財 行僧德施 又聞香氣 遍滿身心 神語藏曰 今者不死 八十餘矣(『속고승전』「자장전」).[30]

(19) 자장은 그 번거로움을 싫어하여 「표表」를 올리고 종남산 운제사의 동쪽 벼랑으로 들어가서 바위에 나무를 걸쳐 거처할 곳을 마련한 뒤에 3년 동안 거주하였다. 사람과 신들이 계를 받았으며, 영험함이 감응함이 날로 많았다. 하지만 말이 번거로와 싣지 않는다; 藏嫌其繁 擁啓表入終南雲際寺之東崿 架嵓爲室 居三年 人神受戒 靈應日錯 辭煩不載(『삼국유사』「자장정율」).

---

30) 『법원주림』에서는, "又樂靜夏坐 奏敕雲際寺 安居三夏 見大鬼神 其數無量 帶甲持仗云 將此金輿 迎取慈藏 復見大神 與之共鬪拒不許迎 藏聞臭氣 塞谷蓬勃 卽就繩床 通告訣別 其一弟子 又被鬼打 幾死乃蘇 藏卽捨衣鉢 行僧得施 又聞香氣 遍滿身心 神語藏曰 今者不死 八十餘矣"라고 하였다. 이러한 기록은 본문의 『속고승전』 기록과 대체로 일치하는 내용이라고 볼 수 있다.

신라 자장 연구

위에 제시한 자료 (18)에 의하면, 자장은 3년 동안(640~642, 자장의 나이 65~67세 무렵) 늘 이 산(종남산)에 있다가 곧 동쪽 나라(신라를 말함)를 섬기려고 그곳을 떠나 운제사로 내려왔다고 볼 수 있다(642).[31] 이때 종남산에서 자장이 수행하면서 겪었던 일들이 (18)에서는 상세하게 서술되고 있다. 하지만 (19)에서는 이러한 사실을 싣지 않았다. 도선은 당태종의 도교우선정책에 대해 비판적인 시각을 갖고 있었다. 하지만 일연의 경우에 '도불논쟁道佛論諍'은 그렇게 심각한 문제가 아니었을 것이다. 이러한 이유로 (18)의 내용이 (19)에서는 말이 번거로운 것으로 여겨지면서 실리지 않았다고 보여진다.[32]

종남산 운제사에서 3년 동안의 수행을 마친 후에, 자장은 다시 장안으로 돌아왔다. 장안으로 다시 돌아온 이후, 자장의 행적은 아

---

31) 『속고승전』을 중심으로 당나라 유학시 자장의 행적을 살피면 네 시기로 구분된다. 첫째 시기에는 장안 도착 직후로서 장안(長安) 흥화방(興化坊)의 공관사(空觀寺)에서 법상(法常; 567~645)으로부터 보살계(菩薩戒)를 받았다. 둘째 시기는 638년부터 640년 전반기까지로 당태종의 특별한 후원을 받아가며 광덕방(光德坊)의 승광별원(勝光別院)에 머물렀다. 셋째 시기는 640년 전반기부터 642년 후반기로 종남산(終南山) 운제사(雲際寺)의 동쪽에 암자를 짓고 머물렀던 기간으로, 이때 그는 운제사에 있던 도선과 교류하였다. 넷째 시기는 642년 후반기 이후부터 귀국하기 직전까지이다(남동신, 앞의 논문, 1992, pp.10~11).
32) 위에서 검토한 자료 (18)에 의하면, 자장은 이때 죽을 고비를 넘긴 것으로 되어 있다. 그렇다면 이때 자장을 죽이려고 왔던 대귀신(大鬼神)과 이를 막았던 대귀신의 존재가 무엇을 상징하는지가 궁금하다. 일단 본고에서는 두 가지 가능성을 제기해 둔다. 첫 번째로는, 이 당시에 자장이 도교와 불교의 논쟁에 개입되었을 가능성이다. 자장이 중국에 머무르고 있을 때, 당태종은 억불숭도적(抑佛崇道的)인 입장을 취하고 있었다. 이런 사실이 (18)의 기록처럼 은유적으로 표현되었을 가능성이다(남동신, 앞의 논문, 1992, pp.11~12). 두 번째로는, 자장과 그의 제자가 종남산에서 어떤 질병에 걸려서 죽을 뻔했던 사실을 전하는 것일 수도 있다. 이 부분은 당태종 당시의 도불논쟁과정 및 당시 전염병 유행과 관련된 기록을 찾아보면서 앞으로 보완하도록 하겠다.

IV. 『속고승전』과 『삼국유사』의 기록 비교

래 자료를 통해 자세하게 알 수 있다.

(20) 다시 서울로 들어가니, (황제는) 조칙을 내려 위문하고, 비단 200필을 하사하여 의복에 충당하도록 하였다. 정관 17년(643) 본국에서 돌아올 것을 요청하니, (황제에게) 조칙을 올려 허락을 받았다. (황제는) 자장을 인도하여 궁궐로 불러들인 후에 납의 한 벌과 온갖 것으로 채색을 수놓은 비단 500단을 선물로 하사하였다. 동궁(필자주; 후일 당 고종이 됨)도 200단을 선물로 주었다. 이에 (황제는) 홍복사에서 나라를 위한 대재大齋를 개설하면서 대덕의 법회를 소집하였다. 아울러 여덟 사람이 승려가 되는 것을 허락하였다. 또 태상太常에게 조칙을 내려 구부九部에서 공양을 올리도록 하였다. 자장은 본국의 조정에 불경과 불상이 조락하여 완전하지 못함으로, 드디어 대장경 한 부와 여러 미묘한 불상과 번화幡花 등을 얻었다. 모두가 (나라의) 복리가 되기에 충분한 것들이었다. 이것들을 싣고 본국으로 돌아왔다; 旣而 入京 蒙敕慰問 賜絹二百匹 用充衣服 貞觀十七年 本國請還 啓勅蒙許 引藏入宮 賜納一領 雜綵五百段 東宮賜二百段 仍於弘福寺 爲國設大 齋 大德法集 幷度八人 又敕太常 九部供養 藏以本朝經像彫落未全 遂 得藏經一部 幷諸妙像幡花 蓋具堪爲福利者 齋還本國(『속고승전』「자 장전」).[33]

(21) 서울로 다시 들어갔더니 (황제는) 또 위로한다는 조칙을 내리면서, 비단 200필을 내려서 의복의 비용으로 충당하도록 하였다. 정관 17년(643) 계묘에 본국의 선덕여왕이 「표」를 올려 (자장의) 환국을 요청하였다. (태종은) 조서로써 (자장의) 귀국을 허락하면서 궁궐로 불러들였다. 비단 1령과 채색비단 500단을 하사하니, 동궁도 또한 200단을 하사하였다. 또 예물로 받은 것이 많았지만, 자장은 본국의 조정에 불경과 불상이 완전하게 갖추어지지 않았다고 여겼다. (이에 자장은) 대장경 일부 및 여러 가지의 번당과 화개에 이르기까지, (나라의) 복리가 될만한 것들은 모두 실어 가지고 왔다; 旣而再入京 又蒙勅慰 賜絹

---

33) 『법원주림』에서는, "(정관) 17년(643)에 이르러 본국으로 귀환하였다; 至十七年 還 歸本國"이라고 하였다.

신라 자장 연구

二百匹 用資衣費 貞觀十七年癸卯 本國善德王 上表乞還 詔許引入宮
賜絹一領 雜綵五百端 東宮亦賜二百端 又多禮貺 藏以本朝經像未充
乞齋藏經一部 泊諸幡幢花蓋 堪爲福利者皆載之(『삼국유사』「자장정
율」).

위에 제시한 (20)과 (21)의 기록은 내용이 대체로 동일하다. 다
만 (21)에서는 본국의 선덕여왕이 자장의 귀국을 요청하는「표表」
를 올렸다는 사실이 추가되었다. 또한 (20)에서는 '잉어홍복사仍於
弘福寺 위국설대재爲國設大齋 대덕법집大德法集 병도팔인幷度八人 우
칙태상又敕太常 구부공양九部供養'이라고 하면서 자장이 당황실로부
터 매우 극진한 대접을 받았음을 서술하였다. 하지만 (21)에서는 이
부분을 '우다예황又多禮貺'이라는 표현으로 간략하게 서술하였다.
이러한 위의 기록에 의하면 자장은 신라로 귀국할 때, 당태종뿐만
아니라 후일 당고종이 되는 동궁東宮으로부터도 후한 대접을 받았
음을 알 수 있다. 자장은 비록 5년이라는 짧은 기간 동안 중국 장안
과 종남산에 체류했지만, 당시의 석학이었던 법상을 만나서 보살계
를 받았다. 나아가 당시 당조의 실권자였던 태종뿐만 아니라, 그를
계승해서 왕위를 이을 고종까지 만날 수 있었던 것이다. 또한 신라
국내에서 필요로 하던 많은 불경과 불사리 및 계율과 관련된 자료
를 가지고 귀국하였다. 자장의 귀국 이후 활동은 아래 자료에서 상
세하게 서술되고 있다.

(22) (자장이) 고향땅에 도착하자 온 나라가 환영하였다. 이에 일대의 부처
    님 법이 흥성하게 되었다. 선덕여왕은 자장이 대국에서 크게 존경받
    았을 뿐만 아니라 정교正敎를 널리 지니고 있음을 알았다. (자장이)
    강리하지 않으면 부처님의 법을 더욱 깨끗하게 할 수 없다고 여기면
    서, 조칙을 내려 자장을 대국통으로 삼고 왕분사에 주석하도록 하였
    다. 이 절은 선덕여왕이 조성한 곳이다. 또 정원精院을 따로 건축하

고 특별하게 열 명이 승려가 되는 것을 허락하면서, 항상 (자장을) 모시면서 시중을 들도록 하였다. 또 궁궐로 불러들여 여름내내 『섭대승론』을 강의하도록 하였다. 만년에는 또 황룡사에서 『보살계본』을 강의하였는데, 7일 동안 밤낮으로 하늘에서 감로가 내렸고 구름과 안개가 갑자기 자욱해지면서 강당을 덮었다. 이에 사부대중이 모두 찬탄하면서 (자장을) 칭송하는 소리는 멀리까지 퍼졌다. 또 모임을 해산하는 날이 되자, (자장으로부터) 계를 받고자 하는 사람들이 구름처럼 몰려들었다. 이로 인하여 (옛날의 일을) 혁신하면서 (계를) 힘써 지키고자 하는 사람들이 열 집 가운데 아홉 집은 되었다; 既達鄉壞 傾國來迎 一代佛法 於斯興顯 王以藏景仰大國 弘持正教 非夫綱理 無以肅清乃敕 藏爲大國統 住王芬寺 寺卽王之所造 又別築精院 別度十人 恒充給侍 又請入宮 一夏 講攝大乘論 晚又於皇龍寺講菩薩戒本 七日七夜 天降甘露 雲霧奄藹 覆所講堂 四部興嗟 聲望彌遠 及散席日 從受戒者 其量雲從 因之革厲 十室而九(『속고승전』「자장전」).³⁴⁾

(23) (자장이 신라로) 돌아오자 온 나라가 흔쾌하게 환영하였다. (선덕여왕이) 분황사(『당전』에는 왕분사라고 되어 있다)에 주석하도록 하면서, 부족한 점이 없도록 넉넉하게 대우하였다. 여름 내내 궁중으로 불러들여 『대승론』을 강의하도록 하였다. 또 황룡사에서 『보살계본』을 강연하도록 하였는데, 7일 동안 밤낮으로 하늘에서 단비가 내리고 구름과 안개가 자욱하게 끼어 강당을 덮었다. 사부대중이 모두 그의 신이함에 감복하였다; 既至 泊擧國欣迎 命住芬皇寺(唐傳作王芬) 給侍稠渥 一夏請至宮中 講大乘論 又於皇龍寺 演菩薩戒本 七日七夜 天降甘澍 雲霧暗靄 覆所講堂 四衆咸服其異(『삼국유사』「자장정율」).

　위에 제시한 자료 (22)에서는 선덕여왕이 자장을 대국통으로 삼

---

34) 『법원주림』에서는, "부처님의 가르침이 제대로 시행됨이 대국과 같았다. 왕은 황룡사로 불러들여 『보살계본』을 강의하였는데, 7일 동안 밤낮으로 하늘에서 감로가 내리고 구름과 안개가 곧바로 자욱해지면서 강당을 덮었다. 사부대중들이 놀라고 감탄함에 아름다운 명성이 더욱 멀리까지 퍼졌다; 具行佛教 一同大國 王請於皇龍寺 講菩薩戒本 七日七夜 天降甘露 雲霧電靄 覆所講堂 四部驚嗟 美聲彌遠"이라고 하였다.

신라 자장 연구

고 자신이 조성한 왕분사王芬寺에 주석하게 하였을 뿐만 아니라, 별도로 정원精院을 두고 특별히 열 사람을 출가시켜 자장을 돕도록 하였음을 서술하였다. 또한 궁궐로 자장을 불러서 한철 여름 동안 『섭대승론』을 강의해 줄 것을 요청하였다. 그리고 또 만년에는 황룡사에서 『보살계본』을 강의하게 하였는데, 이때의 이적들도 상세하게 소개하였다. 나아가 『보살계본』의 강의가 끝난 뒤에 수계를 받으려고 하는 사람의 수가 '십실이구十室而九'였음을 강조하였다.

하지만 (23)에서는 자장을 분황사에 주석하게 하였다는 사실을 간략하게 소개하는데 그치고 있다. 나아가 자장이 대국통에 임명된 사실을 아래에서 살펴볼 (25)에서 소개하였다. 이를 통해 자장이 대국통에 임명된 시기가 진덕여왕대인 것처럼 서술하였다. 또한 한철 여름 동안 강의한 내용을 『섭대승론』이라고 소개하지 않고, 『대승론』이라고 하였다. 나아가 황룡사에서 『보살계본』을 강의한 사실을 소개했지만, '십실이구十室而九'가 계를 받았다는 사실은 생략하였다. 「자장정율」에서는 '수계봉불受戒奉佛 십실팔구十室八九'한 사실을 뒤에서 검토할 (27)에서 소개하고 있다. 이러한 사실을 종합해 볼 때, (23)의 기록은 (22)의 서술 내용과 표현에서 미세한 차이를 보이고 있다. 아마도 이것은 일연의 '자장관慈藏觀'이 반영된 서술로 보여진다.[35]

이제 선덕여왕을 지나 진덕여왕대에 자장의 활동이 구체적으로 어떠하였는지는 아래의 자료에서 서술되고 있다.

(24) 자장은 이처럼 좋은 인연을 만남에 더욱 용기를 내어 가지고 있던 옷

---

[35] 도선의 '자장관'과 일연의 '자장관'에 어떤 차이가 있었는지는 앞의 3장에서 이미 검토하였다.

과 재물을 모두 보시하는 일에 충당하면서, 오직 두타행에 전념함을
난야의 업으로 삼았다. (이때는) 바로 청구에 부처님의 법이 동쪽으로
전해진 시기로부터 백년이 지났다. (하지만 부처님의 가르침을) 주지
하고 받들어 힘쓰는데에는 아직까지도 빠진 것들이 있었다. 이에 여
러 재상들과 함께 기율을 바로 잡을 것을 상세하게 토론하였다. 이 당
시에 선덕여왕과 신하 및 위와 아래가 모두 논의하여, 일체의 불법이
돌아갈만한 곳은 모두 승통인 자장에게 위임하도록 하자고 하였다.
(자장은) 승니와 오부대중이 제각기 구습舊習을 더욱 익히게 하면서
도, 다시 강관綱管을 두어 감찰하고 유지하게 하였다. 15일마다 계를
설하고 율에 의지하여 잘못된 점을 참회하여 없애도록 하였다. 봄과
겨울에는 종합적으로 시험을 봐서 지킨 것과 범한 것을 알도록 하였
다; 藏屬斯嘉運 勇銳由來 所有衣資 並充檀捨 惟事頭陀 蘭若綜業 正
以靑丘佛法 東漸百齡 至於住持修奉蓋闕 乃與諸宰伯 祥評紀正 時王
臣上下 僉議攸歸 一切佛法 須有規猷 並委僧統藏令 僧尼五部各增舊
習 更置綱管 監察維持 半月說戒 依律懺除 春冬總試 令知持犯(『속고
승전』 「자장전」).

(25) 조정에서 의논하여 말하기를, "불교가 동쪽으로 전해져서 비록 백천
년이 지났지만 그 주지를 받들고 봉양하는 의궤가 빠져 있다. 법규로
써 다스리지 않는다면 바로잡을 수가 없다"라고 하였다. (이에) 조칙
을 내려 자장을 대국통으로 삼았다. 모든 승니의 일체 법규는 모두 승
통에게 위임하여 주관하도록 하였다. 자장은 이처럼 좋은 기회를 만
남에 더욱 용기를 내어 불교를 널리 유통시켰다. 승니와 오부에게 각
자 구학을 더 증가시키면서도 15일마다 계를 설하며, 겨울과 봄에는
전체적으로 시험하여 지키고 어김을 알도록 하였다. 원관員管을 두어
이러한 풍습이 유지되도록 하였다; 朝廷議曰 佛敎東漸 雖百千齡 其
於住持修奉 軌儀闕如也 非夫綱理 無以肅淸 啓勅藏爲大國統 凡僧尼
一切規猷 總委僧統主之[36] 藏値斯嘉會 勇激弘通 令僧尼五部 各增舊
學 半月說戒 冬春總試 令知持犯 置員管維持之(『삼국유사』 「자장정
율」).

위에 제시한 자료 (24)에서 "청구靑丘에 부처님의 법이 건너간
지 100년이 되었다"라고 함은 진덕여왕 3년(649)의 사실을 전한다

신라 자장 연구

고 볼 수 있다. 이때부터 정확하게 100년 전인 진흥왕 10년(549)
봄에 입학승入學僧 각덕覺德이 양나라 사신과 함께 불사리佛舍利를
갖고 귀국하였다.[37] 도선은 각덕의 귀국으로 신라에 불사리가 전해
진 549년을 기준으로 하면서, 자장이 교단조직을 정비하는 것이
가지는 의미를 나름대로 부각시켰다고 생각된다.

하지만 (25)에서는 조정의 논의를 소개하면서, '불교동점佛教東
漸 수백천령雖百千齡'이라고 표현하였다. 이렇게 표현함으로써, 이
러한 논의가 구체적으로 언제 있었는지를 정확하게 알지 못하도록
하였다. 그런 다음 자장을 대국통으로 삼은 사실을 전하고 있다.
(25)의 기록에 의하면, 자장이 진덕여왕대에 대국통에 임명된 것으
로 보여진다. 하지만 자장이 대국통이 된 시기는『속고승전』의 기
록처럼, 선덕여왕대로 보는 것이 옳다고 생각된다.

당으로부터 귀국한 자장이 본격적으로 활동하는 신라불교계는
선덕여왕과 진덕여왕대를 거치면서, 이전 시기와 다른 양상으로 전
개되어 나갔다. 우선 선덕여왕대어 자장은 황룡사구층목탑을 건립

---

36) 이 부분은 세주로 추가된 내용이다; ① 按北齊天保中 國置十統 有司奏宜甄異之 於是
宣帝以法上法師爲大統 餘爲通統 又梁陳之間 有國統 州統 國都 州都 僧都 僧正 都維
乃等名 總屬昭玄曹 曹卽領僧尼官名 唐初又有十大德之盛 新羅眞興王十一年庚午 以
安藏法師爲大書省一人 又有小書省二人 明年辛未 以高麗惠亮法師爲國統 亦云寺主
寶良法師爲大都維那一人 及州統九人 郡統十八人等 至藏更置大國統一人 蓋非常職也
亦猶夫禮郎爲大角干 金庾信大大角干 後㐀元聖大王元年 又置僧官 名政法典 以大舍
一人 史二人爲司 揀僧中有才行者爲之 有改卽替 無定年限 故今紫衣之徒 亦律寺之別
也 ② 鄕傳云 藏入唐 太宗迎至式乾殿 請講華嚴 天降甘露 開爲國師云者妄矣 唐傳與
國史皆無文. ①은 승관제에 관한 내용을 소개하고 있다. 반면에 ②에서는 향전(鄕
傳)의 기록을 소개한 뒤, 사실이 아니라는 점을 분명하게 밝히고 있다. 다음의 연구
에서는 승관제 기록이 갖는 의미 및 향전(鄕傳)에 전하는 내용에는 어떤 의미가 담
겨 있는지를 나름대로 추정해 보도록 하겠다.
37)『삼국사기』권4 신라본기 4 진흥왕 10년조 및『삼국유사』「전후소장사리」조를 참고.

IV.『속고승전』과『삼국유사』의 기록 비교

하였다. 그런데 진덕여왕대에 자장은 좀 더 본격적으로 승단조직을 정비하였다.[38] 지금부터는 이러한 사실을 살펴보도록 하겠다. 아래의 자료가 참고된다.

> (26) 또 순사巡使를 두어 여러 절을 두루 다니면서 훈계하고 격려하는 법을 설하면서도 부처님의 형상을 장엄하게 장식하고 대중의 업을 경영하고 다스리게 하는 것을 변하지 않도록 하였다. 이러한 사실에 의거하여 말한다면, 호법보살은 곧 이 사람이라고 말할 수 있을 것이다; 又置巡使 遍歷諸寺 誡勵說法 嚴飾佛像 營理衆業 鎭以爲常 據斯以言 護法菩薩 卽斯人矣(『속고승전』「자장전」).
>
> (27) 또 순사를 보내 바깥의 절들을 두루 점검하면서 승려들의 과실을 징계하고 불경과 불상을 엄격하게 장식함을 변함없는 방식으로 삼도록 하였다. 한 시대에 부처님의 법을 보호하는 것이 이에 융성하게 되었다. 마치 공자가 위나라에서 노나라로 돌아와 음악을 바로잡아 아雅와 송頌이 각자 그 마땅함을 얻었다고 할 것이다. 이러한 시대를 만나 나라 안의 사람으로서 계를 받고 부처님의 법을 받듦이 열집에서 여덟 아홉은 되었다; 又遣巡使 歷檢外寺 誡礪僧失 嚴飾經像爲恒式 一代護法 於斯盛矣 如夫子自衛返魯 樂正雅頌 各得其宜 當此之際 國中之人 受戒奉佛 十室八九(『삼국유사』「자장정율」).

위에 제시한 자료 (26)에서는 자장이 바로 호법보살護法菩薩이라고 추앙하고 있다. 이에 반해 (27)에서는 신라의 일대호법은 자장으로부터 성하였다고 보았다.[39] 나아가 이러한 자장의 활동은, 마

---

38) 이와 관련해서는 아래 논문이 참고된다.
채상식, 「자장의 교단정비와 승관제(僧官制)」『불교문화연구』 4, 영축불교문화연구원, 1995.
남동신, 「신라의 승정기구(僧政機構)와 승정제도(僧政制度)」『한국고대사논총』 9, 2000.
신선혜, 「신라 중고기(中古期) 불교계의 동향과 승정(僧政)」『한국사학보』 25, 2006.
39) 신종원, 앞의 논문, 1982, p.16.

신라 자장 연구

치 공자가 위魏나라로부터 노魯나라로 되돌아오자 악樂이 바로잡혀
아雅와 송頌이 제대로 된 것과 같다고 하였다. 그러면서 이때에 계
를 받고 부처를 받드는 사람이 '십중팔구十中八九'라고 하였다. 이
러한 두 기록을 비교해보면, 도선은 자장을 호법보살로 극찬하고
있음을 알 수 있다. 이에 반해, 일연은 자장이 신라불교사에서 계율
불교를 정립하였다는 점을 보다더 부각시키고 싶었던 것으로 보인
다. 이러한 사실로 볼 때, 도선과 일연의 '자장관慈藏觀'에는 약간
의 차이가 있었다고 볼 수 있다.

　지금부터는 신라 국내에서 자장의 활동이 구체적으로 어떠하였
는지를 살펴보도록 하겠다. 아래 자료가 참고된다.

(28) (자장은) 또 별도로 절과 탑을 10여 곳에 조성하였다. 한 곳에 절을
　　세울 때마다 온 나라가 함께 숭상하였다. 이에 자장은 발원하여 말하
　　기를, "만약 내가 조성한 사탑에 신령스러움이 있다면 기이한 현상이
　　나타나기를 바랍니다"라고 하였다. 문득 감응이 나타나 사리가 여러
　　두건과 발우에 있게 되니, 대중들이 자비심과 경이심으로 보시한 것
　　이 쌓여 산처럼 되었다. 문득 계를 주고 선행을 행함이 널리 퍼지게
　　되었다; 又別造寺 塔十有餘所 每一興建 合國俱崇 藏乃發願曰 若所造
　　有靈 希現異相 便感舍利 在諸巾鉢 大衆悲慶 積施如山 便爲受戒 行善
　　遂廣(『속고승전』「자장전」).
(29)-① 머리를 깎고 출가하고자 하는 사람들이 세월이 갈수록 더욱 많아
　　지니, 이에 (자장은) 통도사를 창건하고 계단戒壇을 건축하여 사방에
　　서 오는 사람들을 제도하였다(겨 단과 관계된 일은 이미 앞에서 나왔
　　다); 祝髮請度 歲月增至 乃創通度寺 築戒壇以度四來(戒壇事已出上)
　　② 또 자신이 태어난 마을의 집을 고쳐서 원녕사로 삼고 낙성회를 베
　　풀면서 잡화만게雜花萬偈를 강의하였다. 52녀가 감응하여 몸을 나타
　　내고 법을 들었음을 증명하였다. 문인들로 하여금 그 숫자대로 나무
　　를 심어 그러한 이적을 표창하도록 하면서 지식수라고 이름하였다;
　　又改營生緣里第元寧寺 設落成會 講雜花萬偈 感五十二女 現身證聽
　　使門人植樹如其數 以旌厥異 因號知識樹(『삼국유사』「자장정율」).

위에 제시한 자료 (28)에서는 자장이 별도로 사찰과 탑을 10여 곳에 창건하였음을 전하고 있다. 그러면서 이때 자장의 발원처럼 사리가 나타나는 신이한 일이 있었음을 서술하고 있다. 그런데 (29)-①과 ②의 기록은 『속고승전』에 없는 내용이다. 우선 (29)-② 의 내용은 앞에서 살펴보았던 원녕사의 기록과 관련이 있을 뿐만 아니라, 화엄사상과도 연관되어 있다. 이렇게 볼 때, (29)-②의 내용은 자장 당대의 사실을 기본 바탕으로 하면서, 새로운 내용들이 약간씩 추가된 부분도 있었을 것으로 보인다. 말하자면 (28)의 내용을 기본으로 하면서도, 세월을 지나면서 어느 시기엔가 (29)-②의 기록이 추가되었다고 보여진다. 말하자면 (29)-②의 기록은 신라 하대 및 고려시대 불교계의 흐름이 반영된 것으로 보여진다.

하지만 (29)-①은 선덕여왕대의 사실로 보여진다. 이와 관련해서는 아래 자료가 참고된다.

(C) 선덕여왕 12년 계묘에 본국으로 돌아가고자 남산南山 원향선사圓香禪師를 만났다. (원향)선사가 일러 말하기를, "내가 관심觀心으로 그대 나라를 보니, 황룡사에 9층탑을 세우면 해동의 여러 나라들이 그대 나라에게 항복할 것입니다"라고 하였다. 자장이 이 말을 가지고 돌아와서 왕에게 아뢰었다. 이에 이간 용수를 감군으로 임명하고 대장大匠인 백제의 아비 등이 소장小匠 200인을 거느리고 이 탑을 세우도록 하였다.[40]

위에 제시한 자료 (C)에 의하면, 자장은 중국에서 돌아올 때 만난 남산 원향선사가 전한 사실을 기반으로 황룡사에 구층목탑을 건

---

40)「신라황룡사구층목탑찰주본기」에서는, "王之十二年癸卯歲 欲歸本國 頂辭南山圓香禪師 禪師謂曰 吾以觀心 觀公之國 皇龍寺建九層窣堵波 海東諸國 渾降汝國 慈藏持語 而還以聞乃 命監君伊干龍樹大匠△濟△非等率小匠二百人造斯塔焉"이라고 하였다.

립하고 있다. 당시 자장의 나이는 70세였다. 황룡사구층목탑과 통도사에 계단을 건립한 사실은 중국측 기록인 도선의 『속고승전』과 도세의 『법원주림』에서 모두 언급하지 않았다. 하지만 이러한 두 가지 사실은 모두 자장 당대의 사실로 보아도 좋다고 생각된다.

다음으로는 자장이 신라 불교계에 어떤 영향을 미쳤는지를 좀더 구체적으로 살펴볼 필요가 있다. 이와 관련해서는 아래 자료가 참고된다.

(30) 또한 (자장은) 습속과 복장을 중화로 바꾸자고 하였다. 자장은 오직 정삭에 귀의하고 숭상하였으니, 의리에 어찌 두 마음이 있었겠는가. 이러한 일을 계획하니 거국적으로 모두가 따랐다. 변방의 복장을 통틀어 고치고, 한결같이 당나라의 의전을 따랐다. 이러한 이유로 매년마다 (중국의) 조정에 모일 때는 상번의 지위에 있게 되었다. 관리를 임명하고 놀이를 하는 것도 모두 중국과 같도록 하였다. 이러한 사실로써 헤아려보면 고금을 통하여 (이러한) 예를 찾기는 어려울 것이다; 又以習俗服章 中華有革 藏惟歸崇正朔 義豈貳心 以事商量 擧國咸遂 通改邊服 一准唐儀 所以每年 朝集位在上蕃 任官遊踐 並同華夏 據事以量 通古難例(『속고승전』 「자장전」).

(31)-① (자장은) 일찍이 우리나라의 복장이 중국과 같지않다고 하면서, 조정에 건의했더니 모두가 (고치는 것이) 좋겠다고 허락하였다. 이에 진덕여왕 3년 기유(649)에 처음으로 중국의 의관을 입도록 하였다; 嘗以邦國服章不同諸夏 擧議於朝 僉允曰臧 乃以眞德王三年己酉 始服中朝衣冠 ② 다음해인 경술년에는(650) 또 정삭을 받들면서 영휘라는 연호를 처음으로 시행하였다. 이후로부터 매년 (중국에) 사신을 보내면, 반열이 상번에 있게 되었으니, 자장의 공적이었다; 明年庚戌 又奉正朔 始行永徽號 自後每有朝觀 列在上蕃 藏之功也(『삼국유사』 「자장정율」).

지금까지 살펴본 것처럼, 자장은 선덕여왕과 진덕여왕대에 주로 활약하였다. 우선 선덕여왕대에 자장은 황룡사구층목탑과 통도사

IV. 『속고승전』과 『삼국유사』의 기록 비교

금강계단을 건립하였다. 그런데 진덕여왕대에 자장은 좀더 본격적으로 승단조직을 정비하였다. 또한 말년에는 복식개혁도 하였다. 이와 관련된 자료는 위에 제시한 자료 (30)과 (31)에서 모두 전하고 있다.

그런데 도선은 자장의 전기를 649년 무렵까지 서술하면서, 그의 복식개혁이 갖는 의미를 중국인의 시각에서 높이 평가하였다. 자장에 의한 복식개혁은 『삼국유사』 여러 곳에서 강조되고 있다. 그러면서 『삼국유사』는 자장의 활동을 650년대까지 기록하였다. 이러한 사실은 (31)-①과 ②의 자료를 검토해보면 알 수 있다.

한편 자장은 신라로 귀국한 뒤에 계율을 정립하였을 뿐만 아니라, 저술 활동도 하였음을 보여주는 기록도 함께 전하고 있다. 이와 관련해서는 아래 자료가 참고된다.

> (32) (자장은) 여러 경전과 계율을 (정리한) 『소疏』10여권을 찬술하였으며 『관행법』 한 권을 세상에 내놓았는데, 그 나라에서 널리 유통되었다; 撰諸經戒疏十餘卷 出觀行法一卷 盛流彼國(『속고승전』 「자장전」).

위에 제시한 자료 (32)의 기록에 의하면, 자장은 여러 경전 및 계율과 관련된 『소疏』10여 권 및 『관행법觀行法』이라는 저술이 있었음을 밝히고 있다. 그런데 이러한 사실은 『삼국유사』의 「자장정율」에서는 소개되지 않았다. 하지만 (32)의 사실로 볼 때, 자장은 저술활동도 하였음을 알 수 있다. 앞에서 살펴보았듯이, 자장은 일찍부터 백골관 또는 고골관 수행을 하였다는 점이 강조되고 있다. 그렇다면 위에 제시된 『관행법觀行法』도 이와 무관하지는 않았을 것으로 보인다. 자장의 삶과 교학은 대체로 계율과 연관되어 이해되고 있다. 하지만 자장은 중국으로 유학하였을 시기에 종남산에서 만난 도선을 통해 계율만을 수용한 것은 아니었다. 도선을 만나기

신라 자장 연구

이전에, 법상으로부터 보살계를 받으면서 섭대승론사상도 많이 수
용하였음을 알 수 있다. 그렇기에 자장은 신라로 귀국한 뒤에 궁궐
에 들어가『섭대승론』을 강의하기도 하였던 것이다. 그렇다면 자장
의 교학에는 계율뿐만 아니라『섭대승론』사상도 많은 영향을 미쳤
다고 보는 것이 옳다고 생각된다.

　　마지막으로『삼국유사』의「자장정율」에서는 자장의 만년이 어
떠하였는지를 신화적인 내용으로 서술하고 있다. 이와 관련된 자료
는 아래와 같다.

(33)-① (자장은) 만년에 서울을 떠나 강릉군(지금의 명주지역이다)으로
　　　와서 수다사를 창건하고 머물렀다. 다시 꿈에 기이한 모습의 스님이
　　　나타났는데, 북대에서 만났던 모습과 같았다. 와서 아뢰어 말하기를,
　　　"내일 대송정에서 그대를 보고자 한다"라고 하였다. (자장은) 놀라서
　　　일어나 일찍 송정에 가보니 과연 문수보살이 감응하여 와 있었다. 부
　　　처님 법의 요지를 자문하면서 여쭈었다. 이에 말하기를, "태백산 갈
　　　반지에서 다시 만날 것을 기약하자"라고 하고는 자취를 숨기고 나타
　　　나지 않았다(송정에는 지금까지도 가시나무가 나지 않으며, 또한 매
　　　와 새매같은 부류도 살지 않는다고 전해진다). 자장이 태백산에 가서
　　　그곳을 찾다가, 큰 구렁이가 나무 아래에 또아리를 틀고 있는 곳을
　　　보았다. (자장이) 시자侍者에게 일러 말하기를, "이곳이 갈반지라고
　　　말해지는 곳이다"라고 하였다. 이에 석남원(지금의 정암사이다)을
　　　창건하고 문수대성이 내려오기를 기다렸다. 이때 어떤 늙은 거사가
　　　남루한 방포를 입고는 칡으로 만든 삼태기에 죽은 지 오래된 강아지
　　　를 메고 와서 시자에게 말하기를, "자장을 보려고 왔노라"라고 하였
　　　다. 문인이 말하기를, "내가 (자장스님을) 받들고 시봉하면서, 우리
　　　스승님의 이름을 함부로 부르는 자를 일찍이 보지 못하였다. 너는 어
　　　떤 사람이길래 이처럼 미친 말을 하는 것인가"라고 하였다. 거사가
　　　말하기를, "다만 너의 스승에게 알리도록 하라"라고 하였다. (문인
　　　이) 들어가서 알리자, 자장도 깨닫지 못하고 말하였다. "아마도 미친
　　　사람이구나"라고 하였다. 문인이 나와서 야단치면서 내쫓으니 거사
　　　가 말하였다. "돌아가야겠다. 돌아가야겠다. 아상이 있는 자가 어찌

IV.『속고승전』과『삼국유사』의 기록 비교

나를 볼 수 있겠는가"라고 하였다. 이에 삼태기를 거꾸로해서 떨어내니, 강아지가 변해서 사자보좌가 되었고, 이곳에 올라 앉아 빛을 발하면서 떠나갔다. 자장이 듣고는 바야흐로 위의를 갖춘 뒤에 빛을 찾아서 남쪽 고개로 달려 올라갔으나, 이미 아득해서 따라갈 수가 없었다. 드디어 몸을 던져 입적하였다. 다비하고 유골을 석혈에 안치하였다; 暮年謝辭京輦 於江陵郡(今溟州也) 創水多寺居焉 復夢異僧 狀北臺所見 來告曰 明日見汝於大松汀 驚悸而起 早行至松汀 果感文殊來格 諮詢法要 乃曰 重期於太伯葛蟠地 遂隱不現(松汀至今不生荊刺 亦不棲鷹鸇之類云) 藏往太伯山尋之 見巨蟒蟠結樹下 謂侍者曰 此所謂葛蟠地 乃創石南院(今淨岩寺) 以候聖降 粤有老居士 方袍襤褸 荷葛簣 盛死狗兒 來謂侍者曰 欲見慈藏來爾 門者曰 自奉巾箒 未見忤犯吾師諱者 汝何人斯 爾狂言乎 居士曰 但告汝師 遂入告 藏不之覺曰 殆狂者耶 門人出詬逐之 居士曰 歸歟歸歟 有我相者 焉得見我 乃倒簣拂之 狗變爲師子寶座 陞坐放光而去 藏聞之 方具威儀 尋光而趨登南嶺 已杳然不及 遂殞身而卒 茶毘安骨 於石穴中 ② 무릇 자장이 세운 절과 탑은 10여 곳에 있다. 매번 세울 때마다 반드시 기이한 상서로움이 있었다. 그렇기 때문에 불공하는 자들이 도시를 가득 메울만큼 공양하여 몇 일이 안되어 완성되었다. 자장이 사용하던 도구와 옷 및 버선과 태화지의 용이 바쳤던 오리모양의 목침과 석존께서 사용하시던 가사와 같은 것들을 모두 모으고 합해서 통도사에 두었다. 또 헌양현(지금의 언양이다)에는 압유사가 있는데, 목침의 오리가 일찍이 이곳에서 놀면서 기이함을 나타냈기 때문에 이름으로 한 것이다; 凡藏之締搆寺塔 十有餘所 每一興造 必有異祥 故蒲塞供塡市 不日而成 藏之道具布襪 幷太和龍所獻木鴨枕 與釋尊由衣等 合在通度寺 又巘陽縣(今彦陽) 有鴨遊寺 枕鴨嘗遊此現異 故名之(『삼국유사』「자장정율」).

위에 제시한 자료 (33)-①과 ②는 도선의 『속고승전』에는 없는 내용이다. 그런데 이 부분은 자장 당대의 사실을 전하는 것이 아니라고 보아야 할 것이다.[41) 이와 관련해서는 아래 자료도 참고된다.

　(D) (자장은) 잔병인 미질微疾에 걸려 영휘년간永徽年間(650~655)에 돌
　　아가셨다.[42]

　지금까지 살펴보았듯이 도선은 자장의 전기를 649년 무렵까지
서술하였고, 「자장정율」에서는 650년대까지 기록하였다. 그런데
도세는 도선의 『속고승전』의 기록을 요약하면서, 그가 영휘연간에
잔병인 미질微疾로 입적하였음을 전하고 있다. 이런 사실로 볼 때,
자장은 태종무열왕 2년(655)에 경주의 황룡사에서 입적하였다고
보는 것이 가장 역사적 진실에 가깝지 않을까한다.
　이러한 자장에게는 그를 따르는 어느 정도의 문도가 있었다고
보여진다. 이미 앞에서 자장은 승실僧實을 비롯한 10여명의 제자들
과 함께 중국으로 유학의 길을 떠났던 사실이 보인다. 자장이 신라
로 귀국한 이후, 그의 문도는 정확하게 알려져 있지 않다. 다만 아
래의 자료를 통해, 자장의 불교를 따르는 문도가 있었음을 어느 정
도는 추측해 볼 수 있다고 생각된다.

　(34) 사문 원승이 있었는데 본래의 종족은 진한으로 청렴하고 신중한 승려
　　　였다. 정관 초년에 (당의) 서울에 와서 널리 불법의 요체를 연마하고
　　　듣고 지니면서 거울처럼 깨달았다. 선정과 섭십에 뜻을 두면서, 호법
　　　을 핵심으로 삼았다. 자장과 함께 불법의 성참을 주도하면서 유지하

---

41) (33)-①에서는 자장이 만년에 강릉지역에서 문수를 친견하고자 노력하다가 입적한
　　사실을 부각시키고 있다. 이러한 부분은 자장 당대의 일이 아니라는 점은 이미 선학
　　들의 연구에 의해 밝혀졌다. 이 기록은 원인(圓仁)의 『입당구법순례행기(入唐求法巡
　　禮行記)』(권3, 840년 7월 2일자)의 내용과 전반적인 스토리가 일치한다는 점이 이미
　　지적되었다(김복순, 「신라 오대산(五臺山) 사적(事蹟)의 형성」 『강원불교사연구』, 도
　　서출판 소화, 1996, pp.18~19).
42) 도세(道世)의 『법원주림(法苑珠林)』 권64 「당사문석자장전(唐沙門釋慈藏傳)」(대정
　　장 53, 779 하)에서는, "因搆微疾 卒於永徽年中"이라고 하였다.

다가 함께 신라로 귀국하였다. 대승의 수행을 크게 드날리고 율부의
강당을 열었으니, 오직 그가 처음으로 빛낸 것이었다. 옛날 신라에는
중국으로부터 배운 것으로부터 유래된 것이 있었으니, 경술은 비록
알려졌을지라도 계율로써 점검하는 법은 시행되지 못하고 있었다. 인
연이 맺어짐이 거듭되자, 지금의 삼학이 갖추어지게 되었다. 이로써
통법과 호법의 시대에 이 사람이 있었음을 알 수 있으니, 중국은 탁하
고 변방은 맑다라고 하는 것이 증명된다고 할 수 있다; 有沙門圓勝者
本族辰韓 淸愼僧也 以貞觀初年 來儀京輦 遍陶法肆 聞持鏡曉 志存定
攝 護法爲心 與藏齊襟 秉維城塹 及同返國 大敞行途 講開律部 惟其光
肇 自昔東蕃 有來西學 經術雖聞 無行戒檢 緣搆旣重 今則三學備焉 是
知通法護法代 有斯人 中濁邊淸 於斯驗矣(『속고승전』「자장전」).

(35) 또 석원승이 있었는데, 자장보다 먼저 중국으로 유학을 하였다. (자장
과) 함께 고향으로 귀국하여 (자장이) 율부를 널리 펴는 것을 도왔다
고 말해진다; 又有釋圓勝者 先藏西學 而同還桑梓 助弘律部云(『삼국
유사』「자장정율」).

위에 제시한 자료 (34)에서는 자장과 함께 귀국했던 원승圓勝에
관한 사실을 제법 자세하게 서술하였다. 하지만 (35)에서는 이러한
부분을 간단하게 요약하였다. 그런데 도선이 원승에 대한 사항을
기록으로 자세하게 남긴 것으로 볼 때, 원승은 도선의 문인이었을
가능성이 높다. 실제로 그는 자장과 함께 귀국한 뒤, 율부를 널리
도왔다고 하는 기록도 이러한 추측을 가능하게 한다. 그렇다면 원
승으로 대표되는 승려들을 중심으로 자장계 불교가 신라 불교 교단
내에 형성되어 있었다고 볼 여지도 충분히 있다고 생각된다.

지금까지 『속고승전』「자장전」과 『삼국유사』「자장정율」의 원전
내용에 어떤 차이가 있는지를 비교 검토하였다. 그 결과 일연은
「자장정율」을 정리할 때, 『속고승전』의 내용을 많이 참고하였음을
알 수 있다. 하지만 일연은 당시에 전해지고 있던 다양한 자료도 함
께 검토하였다는 사실도 주목된다. 그렇다면 『속고승전』과 내용을

신라 자장 연구

달리하는 「자장정율」의 기록은 고려불교계가 인식하는 '자장관'이 반영되어 있다는 사실도 알 수 있었다. 지금까지 검토한 『속고승전』 「자장전」과 『삼국유사』 「자장정율」 및 『법원주림』의 내용을 중심으로 해서 정리해보면 아래 〈표 4-1〉로 제시될 수 있다.

표 4-1 _ 『속고승전』과 『삼국유사』 「자장정율」 내용 비교[43)]

『속고승전』 「자장전」	『삼국유사』 「자장정율」	나이/연대
(1) 唐新羅國 大僧統 釋慈藏姓金氏 新羅人[44)]	(2) 大德慈藏 金氏	
(3) 其先三韓之後也 中古之時 辰韓 馬韓卞韓 率其部屬各有魁長 案梁 貢職圖 其新羅國 魏曰斯盧 宋曰新 羅 本東夷辰韓之國矣		
(4) 藏父名武林 官至蘇判異(以本王 族比唐一品) 旣嚮高位 籌議攸歸 而 絶無後嗣 幽憂每積 素仰佛理乃求 加護 廣請大捨祈心佛法 幷造千部 觀音 希生一息 後若成長 願發道心 度諸生類 冥祥顯應 夢星墜入懷 因 卽有娠 以四月八日誕載良晨 道俗 衛慶 希有瑞也	(5) 本辰韓眞骨蘇判(三級爵名) 茂 林之子 其父歷官清要絶無後胤 乃 歸心三寶 造于千部觀音 希生一息 祝曰 若生男子 捨作法海津梁 母忽 夢星墜入懷 因有娠及誕 與釋尊同 日 名善宗郎	1세 (진흥왕 37년, 576)
(6) 年過小學 神叡澄蘭 獨拔恒心 而於世數史籍 略皆周覽情意漠漠 無心染趣[45)]	(7) 神志澄睿 文思日贍 而無染世趣	8세 (진평왕 5년, 585)
(8) 會二親俱喪 轉厭世華 深體無常 終歸空寂 乃捐捨妻子第宅田園 隨 須便給 行悲敬業子爾隻身 投於林 壑 蟲服草屬用卒餘報 遂登陟隙 獨 靜行禪不避虎兕 常思難施 時或弊 睡心行將徵 遂居小室 周障棘刺露 身直坐 動便刺肉 懸髮在梁用祛昏漠 修白骨觀 轉向明利而冥行顯被[46)]	(9) 早喪二親 轉厭塵譁 捐妻息 捨 田園爲元寧寺 獨處幽險 不避狼虎 修枯骨觀 微或倦弊 乃作小室 周障 荊棘裸坐其中 動輒箴刺 頭懸在 梁 以祛昏暝	8세 (진평왕 5년, 585)

---

43) 『법원주림』의 내용은 각주로 제시하였다.

『속고승전』「자장전」	『삼국유사』「자장정율」	나이/연대
(10) 物望所歸 位當宰相 頻徵不就 王大怒 敕往山所 將加手刃 藏曰 吾寧持戒 一日而死 不願一生 破戒而生 使者見之 不敢加刃 以事上聞 王愧服焉 放令出家 任修道業[47]	(11) 適台輔有闕 門閥當議 累徵不赴 王乃勅曰 不就斬之 藏聞之曰 吾寧一日 持戒而死 不願百年 破戒而生 事聞 上許令出家	25세 (진평왕 22년, 600)
(12) 卽又深隱 外絶來往 糧粒固窮 以死爲命 便感異鳥 各銜諸果 就手送與 鳥於藏手 就而共食 時至必爾 初無乖候 斯行感玄徵 罕有聯者 而常懷惻惻慈哀含識 作何方便 令免生死遂於眠寐 見二丈夫曰 卿在幽隱 欲爲何利 藏曰 惟爲利益衆生 乃授藏五戒 訖曰 可將此五戒利益衆生 又告藏曰 吾從忉利天來 故授汝戒 因騰空滅 於是出山 一月之間 國中士女 咸受五戒[48]	(13) 乃深隱岩叢 糧粒不恤 時有異禽 含菓來供 就手而喰俄夢天人 來授五戒 方始出谷鄕邑士女 爭來受戒	25세 (진평왕 22년, 600)~58세 (선덕여왕 1년, 632)
(14) 又深惟曰 生在邊壤 佛法未弘 自非目驗 無由承奉 乃啓本王 西觀大化	(15) 藏自嘆邊生 西希大化	58세 (선덕여왕 1년, 632)~64세 (선덕여왕 7년, 638)

---

44) 『법원주림』; "唐新羅國 大僧統 釋慈藏 俗姓金氏 新羅國人"

45) 『법원주림』; "年過小學 神叡澄簡 厭世高榮 情欣方外"

46) 『법원주림』; "獨靜行禪 不避虎兒"

47) 『법원주림』; "持戒不群 慈救爲先"

48) 『법원주림』; "深隱山居 來往絶糧 便感異鳥 各銜諸果 就手送與 鳥於藏手 同共食之 時至必爾 初無乖候 行感玄徵 罕有繼者 而常懷惻惻 慈哀含識 作何方便 令免生死 遂於眠寐 見二丈夫曰 卿在幽隱 欲爲何利 藏曰 唯爲利生 乃授藏五戒 訖曰 可將此五戒 利益衆生 又告藏曰 吾從忉利天來 故授汝戒 因騰空滅 於是出山 國中士女 受戒無窮"

신라 자장 연구

『속고승전』「자장전」	『삼국유사』「자장정율」	나이/연대
(16) 以貞觀十二年 將領門人僧實 等十有餘人 東辭至京 蒙敕慰撫 勝 光別院 厚禮殊供 人物繁擁 財事旣 積 便來外盜 賊者將取 心戰自驚 返 來露過 便授其戒 有患生盲 詣藏陳 懺 後還得眼 由斯祥應 從受戒者 日 有千計[49]	(17)-① 以仁平三年丙申歲(卽貞觀 十年也)受勅 與門人僧實等十餘輩 西入唐 ② 謁淸謁山 山有曼殊大聖 塑相 彼國相傳云 帝釋天將工來彫 也 藏於像前 禱祈冥感 夢像摩頂 授 梵偈 覺而未解 及旦有異僧來釋云 (己出皇龍塔篇) 又曰 雖學萬敎 未 有過此 又以袈裟舍利等付之而滅 (藏公初匿之故唐僧傳不載) 藏知已 蒙聖莂乃下北臺 抵太和池 ③ 入京 師 太宗勅使慰撫 安置勝光別院 寵 賜頗厚 藏嫌其繁	64세 (선덕여왕 7년, 638)~65세 (선덕여왕 8년, 639)
(18) 性樂栖靜 啓敕入山 於終南雲 際寺 東懸墕之上 架室居焉旦夕人 神 歸戒又集 時染少疹見受戒神 爲 摩所苦 尋卽除愈往還三夏 常在此 山 將事東蕃辭下雲際 見大鬼神 其 衆無數帶甲持仗云 將此金輿 迎取 慈藏復見大神 與之共鬪 拒不許迎 藏聞臭氣 塞谷蓬勃 卽就繩床通告 訣別 其一弟子 又被鬼打虺死乃蘇 藏卽捨諸衣財 行僧德施 又聞香氣 遍滿身心 神語藏曰 今者不死 八十 餘矣[50]	(19) 擁啓表 入終南雲際寺之東崿 架嵓爲室居三年 人神受戒 靈應日 錯 辭煩不載	66세 (선덕여왕 9년, 640)~68세 (선덕여왕 11년, 642)

---

49) 『법원주림』; 至貞觀十二年 來至唐國 旣至京城 慈利群生 從受戒者 日有千計 或盲者 見道 病者得愈"
50) 『법원주림』; "又樂靜夏坐 奏敕雲際寺 安居三夏 見大鬼神 其數無量 帶甲持仗云 將此 金輿 迎取慈藏 復見大神 與之共鬪拒不許迎 藏聞臭氣 塞谷蓬勃 卽就繩床 通告訣別 其一弟子 又被鬼打 幾死乃蘇 藏卽捨衣鉢 行僧得施 又聞香氣 遍滿身心 神語藏曰 今 者不死 八十餘矣"

『속고승전』「자장전」	『삼국유사』「자장정율」	나이/연대
(20) 旣而入京 蒙敕慰問 賜絹二百匹 用充衣服 貞觀十七年本國請還 啓勅蒙許 引藏入宮賜納一領 雜綵五百段 東宮賜二百段 仍於弘福寺 爲國設大齋大德法集 幷度八人 又敕太常九部供養 藏以本朝 經像彫落未全 遂得藏經一部 幷諸妙像幡花 蓋具堪爲福利者 齎還本國[51]	(21) 旣而再入京 又蒙勅慰 賜絹二百匹 用資衣費 貞觀十七年癸卯 本國善德王 上表乞還詔許引入宮 賜絹一領 雜綵五百端 東宮亦賜二端 又多禮貺 藏以本朝 經像未充 乞齋藏經一部 泊諸幡幢花蓋 堪爲福利者 皆載之	69세(선덕여왕 12년, 643)
(22) 旣達鄕壞 傾國來迎 一代佛法 於斯興顯 王以藏景仰大國弘持正敎 非夫綱理 無以肅淸乃敕 藏爲大國統 住王芬寺 寺卽王之所造 又別築精院 別度十人 恒充給侍 又請入宮 一夏 講攝大乘論 晩又於皇龍寺 講菩薩戒本 七日七夜 天降甘露 雲霧奄藹 覆所講堂 四部興嗟 聲望彌遠 及散席日 從受戒者 其量雲從 因之革屬 十室而九[52]	(23) 旣至 泊擧國欣迎 命住芬皇寺(唐傳作王芬) 給侍稠渥一夏請至宮中 講大乘論 又於皇龍寺 演菩薩戒本 七日七夜天降甘澍 雲霧暗靄 覆所講堂四衆咸服其異	69세(선덕여왕 12년, 643)
(24) 藏屬斯嘉運 勇銳由來 所有衣資 並充檀捨 惟事頭陀 蘭若綜業 正以靑丘佛法 東漸百齡至於住持修奉蓋闕 乃與諸宰伯祥評紀正 時王臣上下 僉議攸歸一切佛法 須有規猷 並委僧統藏令僧尼五部 各增舊習 更置綱管 監察維持 半月說戒 依律懺除 春冬總試 令知持犯	(25) 朝廷議曰 佛敎東漸 雖百千齡 其於住持修奉 軌儀闕如也 非夫綱理 無以肅淸 啓勅藏爲大國統 凡僧尼一切規猷總委僧統主之[53] 藏値斯嘉會 勇激弘通 令僧尼五部 各增舊學 半月說戒 冬春總試 令知持犯 置員管維持之	74세 (진덕여왕 3년, 649)

---

51) 『법원주림』; "至十七年 還歸本國".
52) 『법원주림』; "具行佛敎 一同大國 王請於皇龍寺 講菩薩戒本 七日七夜 天降甘露 雲霧電靄 覆所講堂 四部驚嗟 美聲彌遠".

『續高僧傳』「慈藏傳」	『三國遺事』「慈藏定律」	나이/연대
(26) 又置巡使 遍歷諸寺 誡勵說法 嚴飾佛像 營理衆業 鎭以爲常 據斯 以言 護法菩薩 卽斯人矣	(27) 又遣巡使 歷檢外寺 誡礪僧失 嚴飾經像爲恒式 一代護法 於斯盛 矣 如夫子自衛返魯 樂正雅頌 各得 其宜 當此之際 國中之人 受戒奉佛 十室八九	74세 (진덕여왕 3년, 649)
(28) 又別造寺 塔十有餘所每一興建 合國俱崇 藏乃發願曰 若所造有靈 希現異相 便感舍利 在諸巾鉢大衆 悲慶 積施如山 便爲受戒 行善邃廣	(29)-① 祝髮請度 歲月增至 乃創通 度寺 築戒壇以度四來(戒壇事已出 上) ② 又改營生緣里 第元寧寺設落 成會 講雜花萬偈 感五十二女現身 證聽 使門人植樹如其數 以旌厥異 因號知識樹	71세 (선덕여왕 15년, 646)~74세 (진덕여왕 3년, 649)
(30) 又以習俗服章 中華有革 藏惟 歸崇正朔 義豈貳心 以事商量 舉國 咸遂 通改邊服 一准唐儀 所以每年 朝集位在上蕃 任官遊踐 並同華夏 據事以量 通古難例	(31)-① 嘗以邦國 服章不同諸夏舉 議於朝 僉允曰臧 乃以眞德王三年 己酉 始服中朝衣冠 ② 明年庚戌又 奉正朔 始行永徽號 自後每有朝觀 列在上蕃 藏之功也	74세 (진덕여왕 3년, 649)~75세 (진덕여왕 4년, 650)
(32) 撰諸經戒疏十餘卷 出觀行法 一卷 盛流彼國		

---

53) 이 부분은 세주로 추가된 내용이다; ① 按北齊天保中 國置十統 有司奏宜甄異之 於是 宣帝以法上法師爲大統 餘爲通統 又梁陳之間 有國統 州統 國都 州都 僧都 僧正 都維 乃等名 總屬昭玄曹 曹卽領僧尼官名 唐初又有十大德之盛 新羅眞興王十一年庚午 以 安藏法師爲大書省一人 又有小書省二人 明年辛未 以高麗惠亮法師爲國統 亦云寺主 寶良法師爲大都維那一人 及州統九人 郡統十八人等 至藏更置大國統一人 蓋非常職也 亦猶夫禮郎爲大角干 金庾信大大角干 後至元聖大王元年 又置僧官 名政法典 以大舍 一人 史二人爲司 揀僧中有才行者爲之 有故卽替 無定年限 故今紫衣之徒 亦律寺之別 也 ② 鄕傳云 藏入唐 太宗迎至式乾殿 請講華嚴 天降甘露 開爲國師云者妄矣 唐傳與 國史皆無文. ①은 승관제에 관한 내용을 소개하고 있다. 반면에 ②에서는 향전(鄕 傳)의 기록을 소개한 뒤, 사실이 아니라는 점을 분명하게 밝히고 있다.
54) 『법원주림』; "因搆微疾 卒於永徽年中".

『속고승전』「자장전」	『삼국유사』「자장정율」	나이/연대
	(33)-① 暮年謝辭京輦 於江陵郡 (今溟州也) 創水多寺居焉 復夢異僧 狀北臺所見 來告曰 明日見汝於大松汀 驚悸而起 早行至 松汀 果感文殊來格 諮詢法要 乃曰重期於太伯葛蟠地 遂隱不 現(松汀至今不生荊刺 亦不棲鷹 鸇之類云) 藏往太伯山尋之 見 巨蟒蟠結樹下 謂侍者曰 此所謂 葛蟠地 乃創石南院(今淨岩寺) 以候聖降 粤有老居士 方袍襤縷 荷葛簣 盛死狗兒 來謂侍者曰 欲見慈藏來爾 門者曰 自奉巾箒 未見忤犯吾師諱者 汝何人斯 爾狂言乎 居士曰 但告汝師 遂入告 藏不之覺曰 殆狂者耶 門人出詬逐之 居士曰 歸歟歸歟 有我相者 焉得見我 乃倒簣拂之 狗變爲師子寶座 陞坐放光而去藏聞之 方具威儀 尋光而趨 登南嶺已 杳然不及 遂殞身而卒茶毗安骨 於石穴中 ② 凡藏之締搆寺塔十有餘所 每一興造必有異祥 故蒲塞供塡市 不日而成 藏之道具布襪 幷太和龍所獻木鴨枕與釋尊由衣等合在通度寺 又巘陽縣(今彦陽) 有鴨遊寺枕鴨嘗遊此現異 故名之[54]	76세 (진덕여왕 5년, 651)~80세 (태종무열왕 1년, 655)
(34) 有沙門圓勝者 本族辰韓 淸愼僧也 以貞觀初年 來儀京輦 遍陶法肆 聞持鏡曉 志存定攝 護法爲心 與藏齊襟 秉維城塹 及同返國 大敞行途 講開律部 惟其光肇 自昔東蕃 有來西學 經術雖聞 無行戒檢 緣搆旣重 今則三學備焉 是知通法 護法代有斯人 中濁邊淸 於斯驗矣	(35) 又有釋圓勝者 先藏西學而同還桑梓 助弘律部云	
	(36) 讚曰 曾向淸涼夢破迴 七篇三聚一時開 欲令緇素衣慚愧 東國衣冠上國裁	

신라 자장 연구

결론

본고는 지금까지 한국불교사에서 커다란 족적足跡을 남겼음에도 불구하고, 그동안 정당한 평가를 받지 못하고 있던 자장을 새로운 시각으로 검토하였다. 본고에서 지금까지 검토한 내용을 간단하게 정리해보면 대체로 다음과 같이 요약될 수 있다. 우선 제 1장에서는 자장의 생애를 복원하였다. 그 결과 자장은 576년 4월 8일에 태어난 것으로 보았다. 이렇게 볼 때, 자장이 출생한 시기는 진흥왕 37년(576)이 된다. 또한 그가 입적한 시기는 655년으로 보았다. 이 시기는 신라 중대가 시작되는 태종무열왕 2년이 된다. 이러한 이해를 바탕으로 자장의 활동과 생애를 밝혀보았다.

한편 자장의 출가동기와 수행과정 및 중고왕실 및 당왕실과의 관계가 어떠하였는지도 구체적으로 밝혔다. 나아가 당에서 귀국한 이후 자장의 활동을 선덕여왕과 진덕여왕대로 나누어 살폈다. 이런 속에서 자장의 불교가 한국불교사에서 갖는 위치를 나름대로 설정해 보았다.

다음으로 제 2장에서는 고려 국내에서 유통되었다고 생각되는 「자장전」의 내용이 어떤 형태로 『삼국유사』에 반영되어 있는지를 살펴보았다. 그 결과 일연은 『삼국유사』에서 자장관련기록을 정리할 때, 도선이 편찬한 『속고승전』의 내용만을 참고한 것은 아니었음을 알 수 있었다. 일연은 당시까지 고려국내에서 유통되고 있던 「자장전」의 내용도 함께 검토하였음을 알 수 있다.

한편 자장과 관련된 기록들에서 시대를 지나며 윤색되는 과정을 거친 자료라고 하더라도, 세밀한 분석을 통해 원형의 모습을 복원시킬 필요도 있다고 생각하였다. 자장과 오대산신앙이 서로 깊은 연관을 갖고 있는 것처럼 표현되고 있는 자료 속에는 후대의 윤색으로 보여지는 부분도 있을 것이다. 하지만 그것이 성립하게 된 배경은 자장의 생애 속에서 심도있게 검토되어야 할 필요가 있다고 생각된다. 그러한 부분을 자장의 출생과 관련된 관음신앙 및 그가 끊임없이 추구하고자 했던 문수보살 친견신앙을 분석하면서, 그곳에 어떤 의미가 있었는지를 밝혀보았다.

제 3장에서는 도선의 『속고승전』에 전하는 「자장전」과 일연의 『삼국유사』 「자장정율」에 수록된 자장관련 내용을 서로 비교하면서, 도선과 일연의 자장에 대한 인식에 어떤 차이가 있는지를 검토해 보았다. 그 결과 도선과 일연의 자장관에는 유사한 점도 있지만 뚜렷하게 구분되는 부분도 있다는 사실도 아울러 밝힐 수 있었다.

그런데 도선이 살던 시대와 일연이 활동하던 시대가 직면하고 있던 문제의식도 달랐다고 할 수 있다. 도선은 점차 치열해지는 도불논쟁 속에서 불교의 우월성을 강조하려는 의지가 강했다고 볼 수 있다. 그렇기 때문에 도선은 자신의 저서에 '호법護法'이라는 편목을 새로 추가하였다고 볼 수 있다. 이에 반해 몽고의 압제를 받고 있던 당시 상황에서, 일연은 고려의 불교문화가 갖는 우월성을 나름대로 드러내고자 하였을 것이다. 그렇기 때문에, 『삼국유사』에서 따로 '호법'이라는 편목은 마련되지 않았던 것으로 보인다. 일연은 도선과 달리, '의해편'에 자장의 기록을 '자장정율'이라는 제목으로 정리하였다. 이처럼 서로 당면하고 있던 그 시대의 해결과제가 달랐기 때문에, 자장에 대한 인식에서도 도선과 일연은 서로 차이를 보였다고 생각된다.

그런데 신라 하대와 고려시대를 거치면서, 자장의 불교사상과 그의 신행을 추숭하려는 움직임도 있었을 것이다. 이러한 범자장계 불교신앙권이 형성되면서, 자장과 직접적인 관련이 없던 내용도 자장이 관여한 것으로 덧붙여지게 되었다고 보여진다. 이러한 측면에서 볼 때, 『삼국유사』에 전하고 있는 자장관련기록은 재검토될 필요가 있다. 이를 통해, 신라하대와 고려시대를 거치면서 '범자장계 불교신앙권의 형성'이 어떤 모습으로 전개되었는지는 앞으로의 연구에서 계속 밝혀나가고자 한다.

마지막으로 제 4장에서는 『속고승전』「자장전」과 『삼국유사』「자장정율」의 원전 내용에 어떤 차이가 있는지를 비교 검토하였다. 그 결과 일연은 「자장정율」을 정리할 때, 『속고승전』의 내용을 많이 참고하였음을 알 수 있었다. 하지만 일연은 당시에 전해지고 있던 다양한 자료도 함께 검토하였다는 사실도 주목된다. 그렇다면 『속고승전』과 내용을 달리하는 「자장정율」의 기록은 고려불교계가 인식하는 '자장관'이 반영되어 있다는 사실도 알 수 있었다.

역사적으로 비범한 인물의 생애와 활동은 시간이 지나면서 다양한 모습으로 이미지가 변화될 수 있다. 한국 불교사에서 자장은 가장 많은 이미지의 변화과정을 거쳤다고 생각된다. 역사적 인물로서의 자장과 설화로 윤색되어져가는 자장의 모습이 다를 수 있다고 생각된다. 그러한 두 가지 양상은 모두 소중한 것이다. 역사적 인물로서의 자장뿐만 아니라 후대에 새롭게 부활하는 자장과 관련된 이야기는 모두 한국불교가 간직하고 있는 소중한 자산이라고 생각된

다. 하지만 본고는 역사적 인물로서의 자장을 구체화시키는데 주력
하였다. 다음의 연구에서는 설화적인 형태를 띠면서 새로운 모습으
로 등장하는 자장 관련 기록도 꼼꼼하게 검토해 보도록 하겠다.

참고문헌

민지(閔漬), 「오대산월정사사적(五臺山月精寺事蹟) 봉안사리개건사엄제일조사전(奉安舍利開建寺庵第一祖師傳)」『불교진흥회월보(佛敎振興會月報)』, 1916.

조선총독부편, 『조선금석총람(朝鮮金石總覽)』 상, 「금산사혜덕왕사진응탑비명(金山寺慧德王師眞應塔碑銘)」, 1919, 아세아문화사, 1976.

김영수, 「오교양종에 대하야」『진단학보』 8, 1931.

서경보(徐京保), 「자장율사 1」『불교』 48, 한국불교태고종총무원, 1943.

서경보, 「자장율사 2」『불교』 50, 한국불교태고종총무원, 1943.

서경보, 「자장율사 3」『불교』 51, 한국불교태고종총무원, 1943.

서경보, 「자장율사 4」『불교』 52, 한국불교태고종총무원, 1943.

서경보, 「자장율사와 통도사」『법시(法施)』 122, 법시사, 1975.

김철준, 「신라 상대사회(上代社會)의 Dual Organzation」(하)『역사학보』 2, 1952.

김철준, 『한국고대사회연구』, 서울대학교 출판부, 1990.

강전준웅江田俊雄, 「신라新羅의 자장慈藏과 오대산五臺山」『문화文化』 21~25, 1957;『조선불교사朝鮮佛敎史의 연구研究』, 국서간행회國書刊行會, 1977.

강전준웅江田俊雄, 「신라자장新羅慈藏에 의한 문수감득文殊感得의 포교법布敎法」『종교연구宗敎硏究』 154, 1958;『조선불교사朝鮮佛敎史의 연구硏究』, 1977.

제교철차諸橋轍次, 『대한화사전大漢和辭典』 4, 대수관서점大修館書店, 1957.

장지연(張志淵), 「자장율사와 통도사」『불교사상』 14, 불교사상사, 1963.

안계현,「자장-호국이념의 율사-」『한국의 인간상(人間像)』 3, 신구문화사, 1965.

안계현,「자장(김선종金善宗, 7세기 초엽-7세기 중엽)」『인물로 본 한국사』, 중앙, 1973.

안계현,「호국불교의 이념-자장-」『삼국의 고승 8인』, 신구문화사, 1976.

안계현,「삼국유사와 불교종파」『신라문화제학술발표회논문집』 1(『삼국유사의 신연
　　　　구』), 신라문화선양회, 1980.

안계현,「자장의 불교사상」『한국불교사상연구』, 1983.

이종익,「해동고승전 2-자장율사전-」『종교계』 1-6, 1966.

이종익,「동국고승전-자장율사편 1-」『법시(法施)』 45, 1969.

이종익,「동국고승전-자장율사편 2-」『법시』 46, 1969.

이종익,『수마노탑과 자장율사』, 정암사, 1977.

이종익,「한국불교사화-자장법사의 호국불교-」『법륜』 243, 1989.

김영태,「화엄사상가로서의 자장법사」『법시(法施)』 73, 법시사, 1971.

김영태,「자장-호국불교의 ‘대국통’」『고대의 인물』, 박우사, 1971.

김영태(金煐泰),『삼국유사소전(三國遺事所傳)의 신라불교사상연구』, 1979.

이기백,「자장의 최후」『법시(法施)』 90, 법시사, 1972.

이기백,「자장(慈藏)의 최후」『법시』 233, 1987.

이기백,「대등고(大等考)」,「상대등고(上大等考)」『신라정치사회사연구』, 일조각, 1974).

이기백,「신라 초기불교와 귀족세력」『진단학보』 40, 1975(『신라사상사연구』, 일조각, 1986).

이기백,「황룡사와 그 창건」『신라의 국가불교와 유교』, 1978(『신라사상사연구』, 1986).

이기백,「신라 초기 불교와 귀족세력」『진단학보』 40, 1975;『신라사상사연구』, 일조각, 1986.

이기백,「황룡사와 그 창건」『신라의 국가불교와 유교』, 1978(『신라사상사연구』, 일조각,
　　　　1986).

김대은(金大隱),「자장율사의 호국정신」『범성』 28, 1975.

조명기,「신라불교의 교학」『숭산박길진박사화갑기념 한국불교사상사』, 1975.

채인환,『신라불교계율사상연구』, 국서간행회, 1977.

채인환,「자장의 계율과 계단창설」『동국사상』 15, 1982.

채인환,「신라불교계율사상연구, 1 · 2 · 3」『불교학보』 29 · 30 · 31, 동국대 불교문화연
　　　　구소, 1992 · 1993 · 1994.

채인환,「자장의 입당구법과 계단창설」『나 · 당불교의 재조명』, 1993.

정순응, 「수다사(水多寺)와 자장율사(慈藏律師)-소재지 중심으로한 고증-」『임영문화
　　　(臨瀛文化)』2, 강릉문화원, 1978.

불교사 편집실편, 「자장율사-역대고승전」『불교』10-10, 한국불교태고종총무원, 1979.

임봉준(林奉俊), 「신라자장법사 연구」, 동국대학교 대학원 석사학위논문, 1979.

장충식, 「신라 자장법사의 호국관」『거사림(居士林)』9, 대한불교조계종 정법회 거사림,
　　　1978.

장충식, 「자장율사-신라불교 계율사상의 정초자(定礎者)-」『한국불교인물사상사』, 민족
　　　사, 1990.

등선진징藤善眞澄, 「『속고승전(續高僧傳)』현장전(玄奘傳)の성립(成立)-신발견(新發見)
　　　の홍성사본(興聖寺本)をつて-」『응릉사학(鷹陵史學)』5, 1979; 등선진징藤善眞
　　　澄, 『도선전(道宣傳)の연구(研究)』6章(장)「『속고승전(續高僧傳)』현장전(玄奘
　　　傳)の성립(成立)」, 경도(京都): 경도대학학술출판회(京都大學學術出版會),
　　　2002.

김리나(金理那), 「황룡사의 장육존상(丈六尊像)과 신라의 아육왕상계불상(阿育王像系
　　　佛像)」『진단학보』46 · 47, 1979.

김리나, 「아육왕조상(阿育王造像) 전설과 돈황벽화(敦煌壁畵)」『초우 황수영박사고희
　　　기념 미술사학논총』, 1988.

조광해(曹廣海), 「인맥사류(人脈思流) 신답기(新踏記)-고운 최치원의 사향, 반도일통대
　　　원의 법주 · 도선, 국가기율 정립(定立)의 원상(原像) 자장율사(慈藏律師), 세계
　　　지성의 한 유형 의상-」『정경문화(政經文化)』183 · 184 · 186 · 187, 경향신문사,
　　　1980.

신종원, 「자장의 불교사상에 대한 재검토-초기계율(初期戒律)의 의의-」『한국사연구』
　　　39, 1982.

신종원, 「신라오대산사적과 성덕왕의 즉위배경」『최영희선생 화갑기념 한국사학논총』,
　　　탐구당, 1987.

신종원, 「안홍과 신라불국토설」『신라초기불교사연구』, 1992.

신종원, 「자장과 중고시대 사회의 사상적 과제」『신라초기불교사연구』, 민족사, 1992.

신종원, 「신라 불교 전래의 제상」『한국불교문화사상사』, 민족사, 1992.

신종원, 「신라불국토 사상의 완성자, 자장」『신라 최초의 고승들: 원광 · 안홍 · 자장』,

민족사, 1998.

정병삼, 「통일신라 관음신앙」 『한국사론』 8, 1982.

정병삼, 「의상 화엄사상 연구」, 서울대 국사학과 박사학위논문, 1991.

정찬주, 「광덕사(廣德寺)와 자장율사-산문(山門)을 들어서며-」 『불교사상』 19, 불교사상
　　　사, 1985.

정병삼, 『의상 화엄사상 연구』, 서울대학교 출판부, 1998.

정병조, 「자장과 문수신행(文殊信行)」 『신라문화』 3, 4합집, 1987.

정병조, 「자장과 문수의 인연」 『문수보살의 연구』, 한국불교연구원, 1995.

민현구, 「민지(閔漬)와 이제현(李齊賢)」 『이병도박사구순기념한국사학논총』, 1987.

박남수, 「통일 주도세력의 형성과 정치개혁」 『통일기의 신라사회 연구』, 동국대 신라문
　　　화연구소, 1987.

박남수, 「신라 화백회의의 기능과 성격」 『수촌박영석교수화갑기념 한국사학논총』 상,
　　　1992.

박남수, 「신라 화백회의 연구현황과 중층적 회의구조」 『신라문화』, 30, 2007.

안중철(安重喆), 「당 도선의 저술과 수도(修道)」 『한국불교학』 15, 1990.

장휘옥(章輝玉), 『해동고승전연구(海東高僧傳研究)』, 민족사, 1991.

김상현, 「자장의 정치외교적 역할」 『불교문화연구』 4, 양산 영축불교문화연구원, 1995.

김상현, 「신라의 건탑과 『조탑공덕경』」 『문화사학』 6·7, 한국문화사학회, 1997.

김상현, 「삼국유사 자장 기록의 검토」 『천태종 전운덕 총무원장 화갑기념 불교학논총』,
　　　1999.

김상현, 「자장의 정치외교적 역할」 『신라의 사상과 문화』, 일지사, 1999.

김상현, 「자장정율의 내용과 의의」 『신라의 사상과 문화』, 일지사, 1999.

채상식, 「자장의 교단정비와 승관제」 『불교문화연구』 4, 영축불교문화연구원, 1995.

채상식, 「신라사에 있어서 황룡사의 위상과 그 추이」 『신라문화제학술논문집(황룡사의
　　　종합적 고찰)』 22, 경주시·신라문화선양회·동국대 신라문화연구소, 2001.

민현구, 「한국의 역사가; 민지」 『한국사시민강좌』 19, 1996.

허흥식, 「민지의 시문(詩文)과 사학」 『교육연구지』 30, 경북대, 1988.

김두진, 「신라 진평왕대의 석가불신앙(釋迦佛信仰)」 『한국학논총』 10, 국민대학교 한국
　　　학연구소, 1987.

김두진, 「자장의 문수신앙(文殊信仰)과 계율」『한국학논총』12, 1989.

김복순, 「신라 하대 화엄의 일례-오대산사적을 중심으로-」『사총』33, 1988.

김복순, 「신라 오대산(五臺山) 사적(事蹟)의 형성」『강원불교사연구』, 도서출판 소화(한림대 과학원), 1996.

김복순, 자장과 오대산 사적의 성립,『한국 고대불교사 연구』, 2002.

김복순, 「신라 오대산사적의 형성」『한국 고대불교사 연구』, 2002.

김복순, 「수당의 교체정국과 신라 불교계의 추이」『한국고대사연구』43, 2006.

김복순, 「자장의 생애와 율사로서의 위상」『대각사상』10, (재)대한불교조계종 대각회 대각출판부, 2007.

김복순, 「선덕여왕과 자장법사」『신사조로서의 신라 불교와 왕권』, 경인문화사, 2008.

목정배, 「자장스님의 구법활동과 조국애」「자장스님의 불심과 정법수호」『삼국시대의 불교』, 동국대 출판부, 1989.

김위석, 『한국민족문화대백과사전』, 한국정신문화연구원편 권 19 「자장조」, 1990.

이만, 「자장의 근본교학사상(根本敎學思想)-법상교학(法相敎學)의 연찬(研鑽)을 중심으로」『불교문화연구』2, 남도불교문화연구회, 1991.

이만, 「자장의 근본교학사상-법상교학의 연찬을 중심으로」『한국유식사상사』, 2000.

이만, 「신라불교에 있어서『섭대승론』의 영향」『한국불교학』30, 2001.

변동명, 「정가신(鄭可臣)과 민지의 사서편찬활동과 그 경향」『역사학보』130, 1991.

정중환, 「신라의 불교전래와 자장대사의 통도사 창건」『불교문화연구』2, 남도불교문화연구회, 1991.

김영미, 「자장의 불국토사상(佛國土思想)」『한국사시민강좌』10, 1992.

남동신, 「자장의 불교사상과 불교치국책」『한국사연구』76, 1992.

남동신, 「자장과 사분율」『불교문화연구』4, 영축불교문화연구원, 1995.

남동신, 「원효와 분황사 관계의 사적 추이」『분황사의 제조명-동국대 경주캠퍼스 설립 20주년 기념논문집 겸 신라문화제학술논문집』20, 경주시·신라문화선양회·동국대 신라문화연구소 편, 1999.

남동신, 「신라의 승정기구(僧政機構)와 승정제도(僧政制度)」『한국고대사논총』9, 2000.

남동신, 「신라 중고기 불교치국책과 황룡사」『신라문화제학술논문집-황룡사의 재조명-』22, 경주시 신라문화선양회, 2001.

남동신, 「『삼국유사』의 사서(史書)로서의 특성」『불교학연구』 16, 2007.

남동신, 「현장(玄奘)의 인도(印度) 구법(求法)과 현장상(玄奘像)의 추이-서역기(西域記), 현장전(玄奘傳), 자은전(慈恩傳)의 비교 검토를 중심으로-」『불교학연구』 20, 2008.

남동신, 「고려 전기 금석문과 법상종(法相宗)」『불교연구』 30, 2009.

석묘각 · 김명식 그림, 『(신라의 큰별) 자장율사』, 간경도감, 1992.

김재경(金在庚), 「신라 불교사의 대세-오교설의 부정과 그 대안」『대구사학』 46, 대구사학회, 1993.

이행구(도업) 「한국 화엄의 초조고(初祖考)-자장법사의 화엄사상-」『동국논집』 13(인문사회과학편), 1994.

박태원, 「자장 사상의 기반-백골관 수행의 사상적 의미를 중심으로-」『불교문화연구』 4, 영축불교문화연구원, 1995.

윤종배, 「『삼국유사』 고승설화에 나타난 민중의식」『동양고전연구』 4, 동양고전학회, 1995.

이행구, 「한국 화엄의 초조고」『불교문화연구』 4, 영축불교문화연구원, 1995.

이용관, 「선덕여왕대 자장의 정치적 활동-왕권강화책을 중심으로」, 관동대 석사학위논문, 1995.

이용관(李龍寬), 「선덕여왕대(善德女王代) 자장의 정치적 활동-왕권강화책을 중심으로」『영동문화』 6, 1995.

이성시(李成市), 「신라승新羅僧 · 자장慈藏の정치외교상政治外交上の역할役割」『조선문화연구(朝鮮文化研究)』 2, 1995.

엄수진, 「640년대 신라 정국과 김춘추의 외교활동」, 관동대 석사학위논문, 1997.

동국역경원(東國譯經院), 『한글대장경 속고승전(續高僧傳)』(이창섭 옮김, ①과 ②, 1997 및 ③, 1998).

삼화사 편, 「자장조사전기」『두타산과 삼화사』, 1998.

김호동, 「『속고승전』과 『대당서역구법고승전』에 입전된 한국 고승의 행적」『민족문화논총』 20, 영남대, 1999.

장지훈, 「자장과 분황사」『분황사의 제조명-동국대 경주캠퍼스 설립20주년 기념논문집 겸 신라문화제학술논문집』 20, 경주시 · 신라문화선양회 · 동국대신라문화연구소편, 1999.

장지훈, 「신라 불교의 밀교적(密敎的) 성격」 『선사(先史)와 고대』 16, 2001.

이지수, 「유식학파의 수행법-무착의 『섭대승론』을 중심으로」 『가산학보』 9, 2001.

이창국, 「원(元) 간섭기 민지의 현실인식」 『민족문화논총』 24, 2001.

장석후(張錫厚), 「신라승자장입당례오대고(新羅僧慈藏入唐禮五臺考)」 『동서문화교류연구』 3, 한국돈황학회, 2001.

강인구 · 김두진 · 김상현 · 장충식 · 황패강, 『역주 삼국유사』 Ⅰ~Ⅴ, 이회문화사, 한국정신문화연구원, 2002~2003.

김대식, 「정선 정암사 자장의 최후에 관한 추측」 『처용이 있는 풍경』, 대원사, 2002.

윤청광, 『고승열전 4-자장율사, 백년도 못사는데 무얼 그리 탐내는가』, 우리출판사, 2002.

자원, 「자장율사와 개산대재」 『붓다』 176, 대한불교 조계종 포교당 통도사, 2002.

이권영 · 서치상, 「통도사 자장암(慈藏庵)의 건축에 내재된 조영의도와 미의식에 관한 연구」 『건축역사연구』 32, 한국건축역사학회, 2002.

혜남(慧南) 노재성(盧在性), 「자장율사의 생애-『당전(唐傳)』과 『삼국유사』 「자장정율」을 비교하며-」 『중앙승가대학교 교수논문집』 10, 2003.

김치온, 「유가행파의 지관과 관련심소법에 대하여」 『불교학보』 40, 2003.

이익주, 「14세기 유학자의 현실인식과 성리학 수용과정의 연구-민지의 사례를 중심으로-」 『역사와현실』 49, 2003.

고영섭, 「자장의 대승학-호법과 정율의 응축과 확산」 『한국불학사-신라시대편』, 연기사, 2005.

박현규, 「신라 자장의 산서(山西) 오대산(五臺山) 행적」 『문헌과 해석』 36, 문헌과 해석사, 2006.

신대현(申大鉉), 「진신사리(眞身舍利)의 한국내 전파 과정에 대하여 1-신라의 각덕(覺德) 및 자장(慈藏)이 전래한 진신사티(眞身舍利)를 중심으로」 『불교고고학』 6, 위덕대 박물관, 2006.

신선혜, 「신라 중고기(中古期) 불교계의 동향과 승정(僧政)」 『한국사학보』 25, 2006.

로버트 A. 존슨 지음(고혜경 옮김), 『신화로 읽는 남성성 He』, 동연, 2006.

김덕원, 『신라중고정치사연구』, 경인문화사, 2007.

송수환, 「자장의 호국불교와 울산」 『울산의 역사와 문화』, 울산대 출판부, 2007.

김선민, 「현장(玄奘)의 구법여행과 당대(唐代) 정치」 『중국사연구』 38, 2005.

강문호, 「부혁(傅奕)의 배불론(排佛論)과 당초(唐初)의 불교정책-불교의 신라 토착화 과정 이해를 위한 전제-」 『신라문화』 30, 2007.

김연민, 「신라 문무왕대 명랑의 밀교사상과 의미」 『한국학논총』 30, 국민대학교 한국학연구소, 2007.

옥나영, 「『관정경』과 7세기 신라 밀교」 『역사와 현실』 63, 2007.

송준혁 역 · Pankaj Mohan, 「7세기 초 신라왕권의 강화와 불교-원광과 자장의 역할을 중심으로」 『신라사학보』 9, 신라사학회, 2007.

허정희, 「신라 화엄불교의 윤리적 성격에 관한 연구-원광, 자장, 의상의 구법활동을 중심으로」 『한국선학』 17, 2007.

김경집, 「자장과 금강계단」 『동아시아불교문화』 2, 2008.

남무희, 「자장의 생애 복원」 『한국학논총』 32, 2009.

남무희, 「『속고승전』 「자장전」과 『삼국유사』 「자장정율」의 원전 내용 비교」 『문학사학철학』 19, 2009.

남무희, 「『삼국유사』에 반영된 고려 국내 유통 「자장전(慈藏傳)」의 복원과 그 의미」 『한국학논총』 34(석천 김두진교수 정년퇴임기념), 2010.

이경화, 「중국 당 도선의 계단과 금산사 계단」 『역사학연구』 35, 호남사학회, 2009.

이주형 책임편집, 『동아시아 구법승과 인도의 불교 유적 - 인도로 떠난 순례자들의 발자취를 따라』, (주)사회평론, 2009.

조원숙, 「신라 선덕왕대 도승 시행과 불교정책」, 서강대학교 석사학위논문, 2009.

조원숙, 「신라의 도승 시행」 『신라사학보』 19, 2010.

경주시 · 동국대 신라문화연구소, 『논저목록으로 보는 경주 · 신라의 역사와 문화』, 2010.

염중섭, 「『삼국유사』 오대산 관련 기록의 내용분석과 의미 1-자장의 문수신앙을 중심으로-」 『사학연구』 101, 2011.

염중섭, 「『오대산사적기(五臺山事跡記)』 「제일조사전기(第一祖師傳記)」의 수정인식 고찰-민지의 오대산불교 인식」 『국학연구』 18, 2011.

최희준, 「『삼국유사』 황룡사구층탑조에 대한 재검토와 아비(阿非)의 출자」 『한국학논총』 36, 2011.

여성구, 「자장의 행적과 명주지역 사찰」『고대도시 명주와 굴산사』, 강릉 굴산사지 국제
　　　학술대회(국립중원문화재연구소 · 강릉시), 2011.
박미선, 「『삼국유사』 「의해」편, ‘자장정률’ 조」『『삼국유사』 「의해」편에 실린 "신라 고
　　　승들의 일화와 행적"』, 제39회 신라문화제 제33회 학술회의발표문, 2011.

찾아보기

 신라 자장 연구